街巷 故事

◎济南市市中区文联／编

（二）

图书在版编目（CIP）数据

街巷故事：全四册 / 济南市市中区文联编. -- 济
南：济南出版社，2021.5

ISBN 978-7-5488-4665-9

Ⅰ.①街… Ⅱ.①济… Ⅲ.①城市道路—介绍—济南
Ⅳ.①K925.21

中国版本图书馆CIP数据核字（2021）第079970号

出 版 人	崔　刚	
责任编辑	朱　琦　代莹莹	
封面题字	马兴园	
装帧设计	戴梅海	
出版发行	济南出版社	
地　　址	济南市市中区二环南路1号（250002）	
发行电话	（0531）86131729　86131746	
	82924885　86131701	
印　　刷	济南龙玺印刷有限公司	
版　　次	2021年5月第1版	
印　　次	2021年5月第1次印刷	
成品尺寸	170 mm×240 mm　16开	
印　　张	60	
字　　数	540千	
定　　价	399.00元（全四册）	

（济南版图书，如有印装质量问题，请与印刷厂联系调换）

《街巷故事》编委会

主编　马兴园

编委　张继平　窦洪涛　傅　悦
　　　张　新　徐　昕　孙明光
　　　朱　梅　杨玲娇　刘丽丽

序言 / 让城市留住记忆，让人们记住乡愁

　　济南市市中区文联编纂的《街巷故事》（二）延续《街巷故事》（一）"笔底斑驳的记忆和苍茫的留恋，偶然渗出一点诗的消息"的风格，于怀古与执今的碰撞中，融文化脉络、地域风貌、民族特色、人文情怀为一体，多元并收，不拘一格地呈现了陡沟、党家、七里山、二七新村四个街道的街巷故事。

　　2019年，习近平总书记在北京老城前门东区看望慰问基层干部群众时说："让城市留住记忆，让人们记住乡愁。"乡愁，是中国人对故土山水人文的悠长眷恋。截至2018年末，我国常住人口城镇化率达到59.58%。千百年来"暧暧远人村，依依墟里烟"的乡村中国，正在经历人类历史上规模最大、速度最快的城镇化进程。如何处理好传统与现代、继承与发展的关系，如何把记忆留住、乡愁留下，是绕不开的重要课题，考验的正是城市的治理能力和治理水平。

　　陡沟地区文化底蕴深厚，民风淳朴，丰厚的大地上不止长庄稼，还长出了无数传奇或值得讴歌的人物故事。

　　党家有着大量的历史遗迹和传说故事。山东近代回族武林英豪谱再现了一位不畏强权，积极支持新四军抗战的爱国人士马杏田的故事。

　　为了纪念"二七惨案"而命名的二七新村，经历了近70年的风雨沧桑，今天的"新村"已经变得又高又大，唯一没有变的是新村所特有的历史情怀。走进一条街，走过一条路，或许都有一段历史的回顾。本书将带领我们走进二七街道的梁家庄大街、陈家庄大街，郎茂山路、英雄山路、建设路、

刘长山路……去追古探今。

结庐在人境，偶有车马喧，七里山街道七里山辖区老百姓的幸福山居又是怎样的？大好儿郎，风华正茂。本书带我们走进郎茂山，一个勾起无尽遐想与思念的地方。还有激情燃烧的岁月，听军休干部给我们讲述当年亲历的战争。

《街巷故事》既记载着沧桑的历史，亦有今天的人物故事。今天正在经历着的，必将会成为后人眼里的历史。今天正在发生的感人的、感动的、正能量的故事，也会被世代传承。如"小巷总理"的故事。传承优良家风，记录时代印迹，听全国家庭建档第一人孙嘉焯老人给我们讲述家庭档案里的故事。一座古城，一道美食。听"黄家烤肉"传承人黄阁忠给我们讲述百年老字号"黄家烤肉"的前世今生；还有味觉江湖不老的传说，"中华名厨"颜景祥的故事……

所有的故事都会在时间里发酵，或者被赋予神秘斑斓的色彩。于是，大街小巷在记忆里变得更加扑朔迷离。那里有着生活的烟火气，有着触手可及的暖和冷，记录着普通百姓的悲欢和喜乐，令人难忘。

今天的市中区，发展迅速，高楼林立，一派现代城市的模样。其实，它有厚重的历史掩藏在记忆的碎片中，掩藏在故事的痕迹中，掩藏在辖区那些古村落中，掩藏在街巷中。

《街巷故事》记载市中区古往今来之事，意在弘扬历史文化，传承优良民族精神，贯穿古今，书写沧桑，集自然、人文、社会、经济、周边环境等历史资料、现实信息于一体，以新的观念和视角，以孜孜不倦、上下求索的精神，考证历史，探究谜团，在时间短、历史资料残缺不全的条件下广征博采、反复查证、去芜存精、去伪存真，苦心编纂不断完善。

《街巷故事》（二）得以顺利出版，要真诚感谢市中区委宣传部等上级领导的关心和支持，感谢街道领导和同志们积极提供素材，也感谢著名作家窦洪涛先生和他的团队为此付出的艰辛努力。

济南市市中区文联党组书记、主席　马兴园

2020 年 10 月 22 日

目　录

第一编

陡沟街道

陡沟街道：这里的故事多

陡沟地区历史悠久，文化底蕴深厚，民风淳朴，丰厚的大地上不只长庄稼，还长出了无数传奇或值得讴歌的人物故事。

陡沟街道位于山东省济南市市中区西南部，成立于2008年5月3日，北与槐荫区接壤，西与长清区搭界，南邻党家街道办事处，东靠七贤街道办事处，下辖陡沟、郑庄、丰齐3个管理区，23个行政村，面积为40.7平方公里，人口为27036人。

陡沟村名的由来

在城市化进程飞速发展的当下，承载着历史记忆，推动了历史发展的村庄正慢慢地退出历史舞台，在高楼崛起的背后，无数村庄悄然隐没。

高楼里出生的一代人，不管他的父母来自哪里，从事何种职业，他们对村庄的记忆几近于零，好像世界从来就是这样的。

可是就在几十年前，大多数中国人就是生活在村庄里的。再往前推，百年之前的中国，几乎没有谁是绝对的城市人，每个人背后都有一座村庄可依傍。那哺育了你，庇护了你，在你记忆中消逝了，模糊了，抑或存在着的村庄，你可想过她名字的来历？

　　陡沟村，人们说她的名字不美，那么人们为什么叫她陡沟？其实很简单。新中国成立前，因村内有一条横贯东西的排洪大沟而得名陡沟，又因西临市中区凤凰山，别名凤栖新村。

　　陡沟村位于济南市市中区西南部，104国道北1公里处，距离市区5公里，东与大庙和黄山店搭界，西与长清区接壤，南至大丘山山脊，北与槐荫区搭界，党杨路贯通陡沟，京沪高铁和京沪高速公路绕村而过。

　　陡沟村内有棵百年大槐树，村里近百岁的老人都不知何时栽种，至今仍枝繁叶茂，生机盎然。它不仅见证了陡沟村的成长发展历程，更是陡沟村村民的精神寄托。

　　1955年建成，坐落于陡沟村的风箱厂吸纳了村里绝大多数的劳动力，家家户户都有风箱制造的能工巧匠。年产家用风箱可达上万件，畅销山东全省和河北等邻近省份。精细的匠艺和耐用的风箱使陡沟村传统的木匠工艺名噪一时，早年的陡沟村以风箱产业而远近闻名。

孙炳国　绘

杜家庙村

杜家庙村：七桥八庙二十四胡同

杜家庙村历史悠久，文化源远流长，庙宇文化丰厚。村里有七桥八庙，二十四胡同，南北走向青龙街一条。以矗立在村南正中方向的观音阁为龙头，村北娘娘庙东侧出庄，向北直通丰齐村的道路为龙尾。还有始建于清康熙年间的清真寺，和谐相伴多年村西北方向的回族居住区。

杜家庙村，解放初期为杜家庙乡，1958—1984年为杜家庙大队。据《长清县志》记载，长清县东北25华里处杜家庙村，现长清区槐荫区交界处经十西路东侧。古时候杜姓村民最早在这里居住生活、繁衍生息。族人为祭拜祖先，为民祈福，修建家庙一座，故取名杜家庙，一直沿用至今。

杜家庙村历史悠久，名人辈出，古有官盐驿站馆。村内现存的清真寺始建于清康熙五十五年（1716），嘉庆二十一年（1816）、道光十八年（1838）多次修缮。"文革"期间古寺遭毁坏。分别于1985年、1999年两次重修。现有"阿訇"讲经主持。

七桥：迎仙桥、会仙桥、送仙桥三桥形成主体；另外还有小桥一座，阁湾桥两座，驿站桥一座，统称"七桥"。

会仙桥

八庙：泰山娘娘庙、镇武庙、倒坐观音庙、阁上庙、小观爷庙、龙王庙、土地庙、关帝庙。始建于宋朝，八庙里面分别有各种各样的石碑，透灵碑、龟驮碑、大铜钟、小铜钟等。

康熙南巡"打卡"地

2020年7月的一天，我们沿着康熙的脚步，追寻远去的车马声嘶。过七桥进八庙，串二十四胡同，迎仙桥上走一走，会仙桥上看一看。大杨、二杨今何在？穿越回望，当年的盛景犹在眼前。

杜家庙村的马庆峰书记说："康熙南巡时，吃在大明湖，住在杜家庙，这是我们杜家庙人的骄傲。"

据说，当年康熙帝过了迎仙桥，到达会仙桥，在遮天蔽日的树荫下乘凉、休息，甚觉凉爽。皇帝抬首望去，只见两棵巨大的杨树郁郁葱葱，枝条随风飞舞。龙颜大悦，给两棵树分别赐名大杨、二杨。

今天，虽然不见了大杨、二杨的踪影，但仍然可以想象两棵大杨树当年的风采。村里人说，砍倒大杨、二杨变卖两树的人家，从那时起家道败落，倒霉了很多年。

杜家庙村兴盛于康熙年间，道教、佛教、伊斯兰教，三教汇集，和平相处。

昔日的杜家庙村，小桥流水人家，垂柳依依，白杨参天；商铺林立，商贾繁盛，是古代皇帝忧国恤民南巡的必经之路。闭上眼睛，一幅描绘当年繁荣昌盛、欣欣向荣的百年画卷在眼前徐徐展开。

迎仙桥

清代皇帝康熙、乾隆多次南巡。清顺治十年（1653）九省御道开通。九省御道北自京城，南至福建，成为沟通南北交通的大动脉。长清境内的九省御道，大体是104国道经过的路线。这里沿泰山西侧断裂带延伸，北接直隶，中贯山东，南达江淮及浙、赣、闽诸省，有"齐川通鲁"之誉。这条古御道在长清绵延一百华里，古道旧尘让人追忆。

杜家庙为康熙南巡时的行宫之一，在杜家庙村人的记忆里定当是无限风光和骄傲的事情。当地知情人向我们介绍上马石时，在上马石前摆摊的小伙听到后，眼睛顿然射出光来，上下打量起身旁的上马石，无限感慨，守着康熙爷踩过的上马石而浑然不觉。

武探花马大勇的故事

杜家庙子弟马大勇，回族，康熙六十年（1721）武进士，会试第一名会元，殿试一甲第三名探花。曾任浙江湖州游击（清代武官名，从三品，次于参将一级）；乾隆初年任江苏江宁游击，后升为参将。

马大勇声名远扬，四里八乡，方圆几十里没有敢到杜家庙偷东西的。有句话说："进了杜家庙出不来。"

村里的老人说，马大勇力气大，人仗义。他住在清真寺西边，路口有两个石墩子，大车小车都从这里经过。有大车被卡住的，马大勇看见后，一只手抓住车头就把车给提了上来。

杜家庙清真寺

杜家庙是回汉杂居村，村里的清真寺始建于清康熙五十五年（1716）。大殿坐西面东，面阔三间，进深三间。三开门，每个门各有四扇，门楣上装板画有山水花鸟，中门上方横匾镌"清真正教"。

"文革"期间古寺遭毁坏。"文革"后随着民族宗教政策落实，清真寺又多次重修。1985年重修清真寺礼拜殿、南北讲经堂、沐浴室。礼拜殿前厦为卷棚式歇山顶（古代中国建筑屋顶样式之一），大殿是硬山顶。青砖墙壁，建筑精美，规模壮观，古朴典雅。1999年重修了寺门和院墙，大门坐北面南，门内有高大的影壁墙。2000年重修礼拜大殿。

杜家庙清真寺大门左右有抱鼓石一对。抱鼓石是指门枕石位于门外部的部分，通常有箱形和抱鼓形两种，门枕石的内部有一石窝用于插入门枢。抱鼓石选材考究，雕刻工艺颇为讲究，雕刻的题材栩栩如生。大殿门筑在1米多的台基之上，8根朱红色粗大的柱子，支撑着前厦华丽的卷棚顶。

大殿宽敞明亮，无顶棚，柱梁檩椽裸露。前殿上方有阿文祈祷词，大殿西北角有一个亭阁

杜家庙清真寺历史图片

式讲台。寺内有古碑，乃道光十八年（1838）《重修清真寺序》。厦内北头横卧嘉庆二十一年（1816）《清真寺》碑，光绪十七年（1891）残碑。院内还有2001年重修碑2方。

无庙不成村

俗话说"无庙不成村"。在过去，每一个古村落里几乎都有大大小小的庙，不同的庙里供奉着不同的神灵。

杜家庙清真寺古碑

镇武庙

据传，最早生活在杜家庙村的杜姓一族，其家主在外面做生意。有一年，运输货物的船沉了，主人也落入水中。就在求生不得，快要没命时，感觉水下有股力量托起他，并且有块木板漂浮到眼前，他急忙抓住木板，得以脱困。

后来，他回忆说：当他抓住木板后，缓过神来发现水里有一披头散发的人影，像镇武大帝的模样。于是，为了感恩镇武大帝，家里修了一座镇武庙。

镇武庙也是杜家的家庙。

倒坐观音庙

问观音为何倒坐，恨众生不肯回头。观世音菩萨是佛教中慈悲和智慧的象征。心中信仰观世音者，大多心存善念，行善积德。

很多寺庙都有观世音雕像，但是杜家庙村的观音，有点不一样。这一寺庙人称"倒坐观音"庙。"倒坐"菩萨，指的是观世音菩萨不坐在大殿的正中央，而在后壁面北背南而坐，表明观世音菩萨不渡尽众生，永不回头的大慈大悲。

阁上庙：千手千眼一佛心

杜家庙村的阁上庙供奉着千手千眼佛，关于千手千眼佛流传着一个凄美的传说。很久以前，京城里皇帝有三个女儿，大公主、二公主相貌丑陋，为人狡诈，三公主聪明美丽，心地善良，深得皇帝喜爱。几年后，皇后病死，立西宫为后，西宫之子被立为太子。西宫娘娘为人阴险，对三公主恨得咬牙切齿，必欲除之而后快。

一天，西宫设计买通一算卦先生，借口给皇上卜凶吉。算卦先生说，皇上有难，必须有一女到西南300里外一座尼姑庵出家方可消灾。大公主、二公主当然不愿前去，三公主为消父灾，甘愿出家。京城西南300里处恰好是保定府，于是芳龄十八的三公主被赶到保定城郊一座尼姑庵里，削发为尼。皇上思念爱女，郁闷成疾，卧床不起。

西宫又生一计，叫回三公主，并买通一名御医。御医说，皇上的病需用亲人的眼珠做药引才能治好。三公主二话没说，献出了自己的双目。然而，皇帝的病不见

观世音阁

好，反而更厉害了。西宫又把三个公主召来说："我问过医生了，医生说需用亲人的双手做药引，皇上才能好。你们看如何为好？"大公主、二公主听后都吓傻了。三公主却说："为了父皇健康，儿愿献出双手。"于是三公主的双手被砍了下来。西宫心想，这回这小"贱人"准活不成了。谁知几天后太监来报，说三公主回尼姑庵后，在一老尼调理下伤口愈合了。

西宫恨得要命，竟然偷偷派人烧了尼姑庵。老皇上听闻三女儿被烧死，悲痛欲绝，不久便离开了人世。太子登极，他虽是西宫所生，但禀性刚直，对母后所做所为十分不满。为了纪念三皇姐的美德，便下了一道圣旨，立即在保定府为其修建庙宇，塑造金身。

说来也怪，本来工匠雕塑的三皇姑是一双眼睛一双手，可不知怎的，只见那塑像的腰间、脊背、腋下、胸前又长出了许多长长的胳臂，而且每只手的手心里还长着一只眼睛。后来，人们就管这位忠孝双全的三皇姑叫作"千手千眼佛"。

据村上的老人讲，杜家庙村的阁上庙里供奉的就是"千手千眼佛"。

孙炳国　绘

黄山店

黄山店：皇上住过的店儿

黄山店，就是传说中的皇上店。

曾经，清康熙帝下江南时途经此地，住过的地方被称为"皇上店"——也就是现在的黄山店村。

黄山店村中街，古时是九省通衢御道，商贾集散重镇，是古代历朝皇帝南巡的必经之路。村北有山岗名曰大青山，东有山岭一道，亦取名为皇上岭。

随着时代的变迁，这些陈年旧事多被后人遗忘。

玄烨龙栖黄山店的历史考证

爱新觉罗·玄烨（1654年5月4日—1722年12月20日），年号康熙，是中国历史上在位时间最长的皇帝。

据史料记载，清康熙帝玄烨一生六次南巡，公元1703年，康熙帝第四次南巡，驾临山东济南。

是日，康熙驻跸长清县黄山店（今市中区陡沟街道黄山店村）。

古风遗韵

通过历史的碎片、历史的痕迹，遥想当年，曾经的繁盛景象，一一在目。

"麦花香"村之名

黄山店村历来为交通要道，曾享有"麦花香"村美名。此雅号源于康熙驻跸黄山店期间，路经此地时微风拂面、暗香扑鼻，问起缘由，随从刘墉应变作答：此"麦花香"所致也！遂有"麦花香村"之名。

黄山店村现隶属陡沟办事处，位于大青山和皇上岭之间。村里一户人家门口的上马石，为当年御赐门匾之家所属。

村内胡同里的青石古道，依稀可见。

黄山店村存留的清代民居门楼，在阳光下泛着旧日的味道。

村内官井上用来托架辘轳的青石原件，执着于旧时光。

黄山店村

镇水兽雕，本为"党家桥"之物，现架用于排水沟桥上（党家桥于修建晏党铁路枢纽时拆除）。

上马石、古时的拴马桩、遗留残迹、道光年间的碑文……

触摸着历史的残迹，不禁感慨：通过这些遗迹，还能令人想象当时的情景。如果这些遗迹也消失了，当年的历史真的就化作烟云，随风而去了。

即将消失的庙宇，白墙掩藏的壁画

白衣殿虽已破败，但还承载不少记忆，从清朝到现在，屹立不倒，曾经做过小学。主殿之内墙壁上的彩绘二十四孝图壁画，"文革"时期被涂上白灰，严严实实地被覆盖掩藏。白衣殿立柱左方墙壁上留有"勤勤恳恳，甘当园丁"字样，记述着它曾为学校的历史。白衣殿门楣之上飘逸生动的木雕出自明清匠人之手。置于白衣殿院内的"三腿石狮"孤零零地守在杂草丛生的院墙内。

历史悠久的白衣殿，几经修复，留存至今，成为黄山店不可多得的文化遗产。白衣殿，也称"观音殿"。殿前有三级台阶；殿左前曾有钟鼓楼，正前（南）为原来庙门；正门前是石板桥，右侧有放生池。

白衣殿为四梁十二柱，其中东南角的一根柱子上留有"白衣"字样。庙内原立有三块石碑，其中一块刻有"慈航普度"（观音成道前称"慈航道人"）。

白衣殿主殿遗址对面原黄山店小学所建二层教学楼（1990年建），底楼走廊左首嵌有清道光元年（1821）一块石碑，碑文记述着白衣殿修建之故事。

碑文摘录如下：

长邑耿东凤山店旧有白衣殿，因日久年远、风雨损坏，坍塌不堪。本庄善士赵洛暨侄儿元智，不忍坐视，故管事积财二十余年，将所积财遂重修大殿一间、影壁一座、神桥三孔，建造东屋二间、南屋三间、庙后石墙一堵，前后垣墙俱各修理焕然一新。庙貌巍严非不肃观瞻于一方也。制买西山坡地四亩，庙西地一亩一分七毫，为此立石以志永垂不朽云。

领袖 赵洛
赵元智
阖庄等
道光元年岁次辛巳三月下浣吉旦

白衣殿院内大殿西侧为"三官庙"，供奉刘备、关羽、张飞三人塑像。

白衣殿自建庙之日便有专人看庙，主要是庙院近前的原定居者，先是赵元智、赵春游，之后是赵兰舟、赵玉德。殿庙周边地界归由看庙人耕种。

白衣殿，新中国成立前曾用作小学堂；新中国成立后逐步扩展为黄山店小学。作为黄山店历史标志物，具有多重历史文化意义，尤其对于黄山店人不可或缺。

白衣大殿门前有一对三腿石狮。1958年，殿内神像被毁，院内钟楼也难逃拆解厄运，仅有一个石狮子保留下来，现置于大殿原址院内。关于钟楼的记忆，村里老人很少能描述完整，仅记得这座七八米高的钟楼在庙院之内大殿前的西南位置。斯楼不存，庆幸石狮尚在，能勾起老辈黄山店人的缕缕悠思。

北庙遗址

黄山店村人所称的北庙，位于庄北官井西侧，庙井之间隔着一南北走向的村道。北庙，又称"真武庙"，以往庙院大殿内供有一大神、二小神，即真武大帝与龟神、蛇神。龟、蛇二神分置大神左右，意谓真武为修行之事而不进食，故将胃（龟）肠（蛇）分放左右。庙院占地2亩左右，遗址处数间西屋尚存；另有一石碑卧于庭院之中，石碑上记载着有关庙外官井的些许文字。

北庙大殿毁于1958年。据知情人讲，殿房内的檩梁架木都被拉至长清县盖了学校。幸好北庙原址及其院内所属之物或多或少被保护下来。北庙南侧过去还有一关帝庙，"文革"时被破坏掉了。

官井

官井，位于真武庙（又称"北庙"）南数步远，井水甘甜、水源充足，乃黄山店村民生活所依赖的泉井，一直用到1990年村里通上自来水。该井口距离水面8米上下，井水深约3米，井底直径3米多。

现真武庙原址院内，存留一座当初立于官井侧旁的石碑，记载官井相关的事项。

碑文录之如下：

盖闻非水不生，故五行以水为先。掘地汲泉，故开今泉必祀。况改邑不改井，修井可或缓欤。夫此处原有一井，由来已久，然泥而不食；旧井无禽，犹不可用汲也。今岁天旱水涸，叩门难求。北街公议：为济一乡之急，须为人远之计，始立官井一眼，修以石桶，取之无禁，用之不竭，将令并享其福，无我泉我池之私行。见井养不穷，免酌彼行潦之苦，目前功德具在斯乎。爰是敦□珉以永垂不朽。

注：由于石碑断接处碑文残缺模糊，故其刻文有白。

官井向南150米党家桥处曾有一小庙，是村民们祈雨之处。

十二连桥

黄山店村原有"十二连桥"之说，从济南城经皇上岭顺御道入村所见第一座石桥便是党家桥（桥附近多住党姓，故名）。其建筑规模与样式居十二连桥之首。20世纪70年代，修建晏党铁路枢纽时拆除，其部分构件用于原址前数米处新修的排水沟桥（见排水拱桥两边桥拱及水兽石雕）。

十二连桥实属黄山店村之盛景。

第一桥：党家桥。

第二桥：位于村民党延吉家门口，为平板大青石桥，1.5米宽。

第三桥：位于韩家胡同北头。

第四桥：在赵秀才胡同北头的场院处。

第五桥：又称后桥，通到北山坡。

第六桥：在后桥西，由一两块石头搭建而成。

第七桥：位置在街里赵兰吉的家门口处。

第八桥：赵玉章家北的一座石拱桥（小于党家桥）。

第九桥：位于娘娘庙（白衣殿）东南的一座拱桥。

第十桥：娘娘庙（白衣殿）正南的养鱼池上的两孔平板石桥（进出庙所用）。

第十一桥：娘娘庙（白衣殿）西朱家湾西头的平板桥。

第十二桥：由第十一桥向西便是小溪沟，架在沟上的平板桥。

古商铺

木匠铺

新中国成立前，自村民刘顺兴在村内开办四间木匠门头房（铺）起，传至刘银聚、刘贵祥父子，刘家三辈皆以打制老农具为主，尤其善打木质独轮车。车盘用的是槐木，车轮用枣木和柿子树木；车轮上用的是10多个铆钉及其他配件，当时需到城里馆驿街采买。

独轮车、木制马车属当时主要运输工具，作为黄山店唯一的木匠铺，既要满足本村及周边需求，还服务于往来此地的兖州、徐州等过路客。据当事人刘贵祥回忆，新中国成立前后济南市像他这样的木匠铺约有40多家，分布于三大马路纬八路，天桥南头、北头等地界。

老药铺

黄山店村老药铺始于清代咸丰前后，为黄山店赵氏先人开业经营，分属东大林（侄辈）、西大林（叔辈）两支。东大林药铺位于韩长海老宅东侧；西大林药铺位于冯玉坤家前院。后东大林药铺掌柜因故归西，西大林药铺掌门赵明远（赵延深之曾祖）心中难耐流言蜚语之痛，遂将药橱、秘方物类及他人所欠账款一并在村内关帝庙前烧掉，并立下遗嘱"我族后人断不得再开店行医"。

大官店和二官店

昔日黄山店村有两处官家客店，由长清县命名，称之为"大官店""二官店"，各占地一亩。赵玉新家老辈所开客店规模大、设施好称"大官店"，据说当年康熙帝驻跸黄山店便下榻此店。大官店又名朝阳店，原址位于党家桥西约50米，专供朝廷一品及以上官员住宿；因曾救治过本店就住的京城高官，还幸得刘墉赠匾，黄山店现今健在的老人都曾亲眼所见。可惜后被木匠刘贵祥、赵玉深将其打制成家具，黄山店村丧失一珍贵历史文物。二官店原址村北真武庙南60米处，专供州府、县令等级别官员使用。

"纸糊墙"之说

黄山店村因位于府城与泰岱往来之必经处，旅店业名噪一时。除"大官店""二官店"享誉周边外，尚有"纸糊墙"之说。当时的大官店、二官店，每逢京城重要官员路经此地住宿，客店内外必须装饰一新，墙壁全部用纸裱糊一遍，尤其讲究村街的整洁、美观，凡碍眼之处，都用白纸糊成墙加以遮挡、掩饰。与今日城市街道粉饰及文化墙、工地围墙的建盖类似。

大庙屯村

大庙屯村：600多年历史的古村落

  大庙屯村位于济南市西部，二环西路以西，四面环山。在其所坐落的平坦之小盆地间，南有围子山、大青山、胡山；东有簸箕山、糠山、东小山；北面是米山、克朗山、余山；西面是卧牛山。全村共有人口2697人，495户；是济南市市中区陡沟街道办事处管辖的一个自然村庄。

  据本村北庙碑文记载，大庙屯始以郑官屯为名；大庙屯属多姓共居的自然大村，周、李、祭（zhài）是村中人口居前三位的大姓。明朝初年，周姓、李姓、祭姓族人先行迁居此地；高、张、吴等姓族人陆续到此定居。历朝历代的村民在这块土地上辛勤耕耘，艰苦创业，为后人留下了丰厚的历史文化遗产。截至2019年，大庙屯村有31个姓氏。

  大庙屯村，1958年划归历城县。由于大庙屯村处于历城和长清交界处，历史上有"一庙两县"之说。村西南马王庙坐落于两县交界线之上，庙的一半归长清县的艾家庄，一半归历城县的大庙屯。

  古往今来，大庙屯蓄积了悠久而深厚的历史文化积淀，从远近闻名的北庙、南庙、大官庙到传承至今的大庙锣鼓；从各姓氏家谱到完好留存至今的老旧物件，无不闪耀见证着昨日之大庙屯的历史光彩，令后人稽古而开新。

　　人杰地灵之处的大庙屯，有过清朝正三品官员周连禄和"公车上书"周彤桂等历史名人。在抗日战争、解放战争、抗美援朝不同历史时期大庙屯都出现过诸多英雄人物。

村庄原貌

　　大庙屯前后两街向西都可通往马家庄，前街向东可通到井家沟，后街向东可经簸箕山到魏华庄。百米长短的南北庙街将前后两条主街联通起来，南北庙街北头为后街，南头为前街。

　　昔日大庙屯有"大庙湾"之说。"湾"自小到大依次为："东小湾"，位于村东头；"南湾"居于东小湾与南庙之间的许家胡同南头，由"南湾"处穿过许家胡同行至后街；北庙以东是"北湾"，此湾村民称之"北大湾"，该湾蓄水量最大。环绕"北湾"有三眼古井：湾西为"西井"；湾东为"北关井"；湾东北30米处为"老北关井"。

古槐抱椿

　　大庙屯村有一棵很奇特的古槐树，树冠呈伞状，直径约14米，树高约15米，主干高约3米，直径约1.1米，三人携手才能合围。经数百年风雨，树干已空，在树身的空腹中长出一棵椿树，高耸挺拔，这就是有名的"槐抱椿"。

　　古槐树所处位置在大庙屯前街中间，古老、苍健而茂

槐抱椿

盛，树干早已腐空，枝叶依靠树皮供给水分营养，青葱繁密、枝叶茂盛，郁郁葱葱。虬枝有的长达二十多米，参差交错，遮天蔽日。

"槐抱椿"尤其在春夏雨季浓荫如盖，鸟鸣雀噪，古树之上成了鸟儿的乐园；古槐之下聊天，谈古论今，摇扇举棋，玩耍嬉戏，迎来送往，四季轮回。

古树初生于明朝初期，大移民时由山西移民带来在此栽种，已有几百年的历史，当为大庙屯村的村魂，它见证了大庙屯祖辈生息繁衍的历史。

"古槐抱椿"作为大庙屯村见证历史的"活文物"，被济南市绿化委员会冠以济南市古树名木，编号为B2-0019。

2011年，因村民过车不慎将古槐树撞歪，事件发生后，村"两委"高度重视古槐的抢救工作。专门找到园林部门专业人员，对古槐用铁箍进行维修加固，并给古槐树注入营养液，将树恢复原样，古槐恢复生机，长势旺盛。

从2012年开始，大庙屯村"两委"高度重视古槐树的保护工作，围绕古树做了围栏，还在马路上做了限高设置，防止车辆刮坏树枝，并用钢筋固定树身，等等。经过一系列的保护措施，使得古树抱新椿茂盛永驻、更加茁壮。

大庙湾

由村东南角的"东小湾"，西行至前街许家胡同南头附近为"南湾"，在许家胡同北端向西的后街北侧是"北湾"。"东小湾"面积有百平方米，深有2—3米；"南湾"，十几米长，宽窄约有12米，深5—6米；"北湾"，长（南北）十几米，宽（东西）30米左右，深7—8米；"西湾"为圆形湾。

第一眼机井

1964年"四清"时，大庙屯村民打直径4米左右，深至15—16米的首眼机井，用于农田灌溉。凡此种种，大庙屯村历史上还有诸多值得后人谈及的话题：韩家马道（紧靠前街马王庙东侧）、周家楼子大门（位于许家胡同南头西侧，南庙以东50米处）、"龟脖子石炕"、"织布厂"、"知青楼"等都曾有过一段段深藏的记忆，见证了大庙屯村有声有色的过去。

大庙屯的故事和传说

东南水，西北流，不出公子出王侯

古年间，大庙屯村有一条50米宽的大沙河，在庄中间从南往北穿庄而过，流向余山，经张庄村向西北流去，据说是玉符河的前身。位于庄南围子山北边的一段沙河为东西方向，即从围子山西端东至围子山中间约160米，又从中间往北至老电楼子处约200米。

大沙河在流经后街处，其上所建"十二连桥"。"十二连桥"与竹叶碑（古碑质地显竹叶图案故谓之"竹叶碑"）、"自鸣钟"，合为大庙屯"三宝"。

20世纪60年代，修建石油库时，大队在庄西人工取沙，挖井和村民挖地窖时都验证了沙河的走向及沙河的宽度，这都证明了大庙屯有大沙河之说。

当地传有"东南水、西北流，不出公子出王侯，大庙屯出来一个割草的也是秀才"之说。

围子山：一夫当关，万夫莫开

大庙屯庄南有座山，巍然而立，气势磅礴，四周峭壁如削，而山顶平阔。因山上修筑了围墙，人们称它为"围子山"。

据说，在元代，为保护村民、防御外敌入侵，众乡亲便在山上凿石垒墙，修起了一道高约10米、宽约5米的坚固围墙，墙上有东西两扇石门，堪称"一夫当关，万夫莫开"。

围墙内平整、开阔，面积达到1500多平方米，建有石屋10余座，石屋的角屋和墙壁上还分布着很多探视孔和枪孔，这是一种带有防卫性质的山寨式建筑。

围子山上的断壁残垣不知经过多少战火洗礼。据老人回忆，日军侵略济南时，在围子里修碉堡、建战壕；国民党也在围子里修过炮楼，筑过工事。

大青山：石锣石鼓难觅踪迹

大青山位于围子山南，海拔100多米，是村周围最高的一座山，因此山以青石得名大青山。

大青山山体平缓连绵，表面多为青石覆盖，据村里老人讲，山上还有一段美妙的传说：大青山是寸草不生的石头山，青灰色石头，犹如一层层石块垒砌而成，敲打着青石板宛如有铜锣之声声闻数里。据传，下雨天，立于村头侧耳谛听，便隐隐能听到山里传出锣鼓乐声。

村里的年轻人和孩子们总喜欢在山上敲敲打打，试图找到传说中的石锣石鼓，但总是难觅其踪迹。

相传，新中国成立前山上的宝贝被人盗走，新中国成立后，村里的人们再也没听到那石锣石鼓的乐声了。

簸箕山与米山、糠山、克朗山、石头山

在村东北角方向有五座不太高的小山，依次排列着簸箕山、米山、糠山、克朗（坷垃）山、石头山。

"簸箕山"一眼望去，山坡犹如一个大大的簸箕展现在人们的面前，因之得名。簸箕山东西长约300多米，南北长约200余米，山高约60多米。昔日，站在簸箕山山顶上往北眺望，滔滔黄河水，滚滚向东流。

据传，仙人手持簸箕劳作，将簸好的米与糠和剩下的坷垃分置三侧：簸出的糠倒在了簸箕山的东南方约160多米，由糠堆积而成的山称为糠山，山高约30多米；簸出的米倒在了簸箕山的西边约200多米，由米堆积起来的山称为米山，山高约40多米；将簸箕剩下的坷垃倒在了簸箕山的西边，由坷垃堆积而成的山称为克朗山；将簸箕拣出来的石头倒在了簸箕山的东南角，由石头堆积起来的山称为石头山，又称小山，山高约20多米。

余山寺院

位于大庙屯庄的西北角有一座余山，山高约30余米，山坡平缓。山上有一寺院，据传庙里住着一位孔孟和尚，是一个江洋大盗。

大庙屯庄北有一条通往明朝京城的大道，余山寺院就在大道一侧。一天晚上，明朝军师刘伯温的公子，骑一匹千里驹进京赶考路经此地，借宿在余山寺院内，被孔孟和尚劫财杀害。后被朝廷发现，将孔孟和尚就地正法，寺庙烧毁。

后人将余山寺庙的神像请至大庙屯庄内的永庆禅寺（百姓称为"大寺"）之内。

石炕

早年间，在围子山西山脚下有一块材质为石灰岩的平坦天然巨石，它东西长约8米，南北宽约4米，高约1.5米，是一块长方形的大石头。村民把巨石称之为"石炕"。

"石炕"不知何年何月来到此地，呈东西方向，位于南北小路的西侧。南北小路是村民农业生产的一条便路，人们经常在石炕上聊天、谈古论今。石炕上有两副不知何年所凿的棋盘，至今还保存完好。

韩家马道

"马道"，顾名思义，就是马走的道路。相传早年间，大庙屯庄韩氏家族家大业大，是庄里的富裕大户，曾出过翰林生。韩家为了防盗，将家宅建成环环相套并配有响铃的院落；家中还喂养了24匹大骟马，配备家丁，组建骑兵，且每天在此道上骑驯跑马。这条道路因而得名"韩家马道"。

史家林

新中国成立前，在庄东边有一块墓地，占地10多亩，地的北头是用石头垒砌而成的石堰，东西长40多米，宽约70厘米，高约3米，是有名的史家林。

相传史家人在外经商发了财，回庄修缮祖坟、立碑撰文，纪念祖先。2012年村里拆迁，史家林消失。

大庙屯旧时的民间文艺

舞龙灯

大庙屯的龙灯队历史悠久，代代相传，久负盛名。起始无从考证。每逢节庆舞龙灯是首选。龙灯轧制是由扎彩匠王森林、王克臣博采众家所长轧制而成。所用纸张均由"润华"掌柜李树之提供。由龙头、龙节、龙尾组成，节与节之间用纱布连接，罩衣印有龙鳞。

早年间夜灯用蜡烛插入龙节中照明，后来用电池灯泡更加明亮安全；龙眼用手电筒装配，两条直光一照，更显威武壮观。舞龙姿势有单腿跪、双腿跪、板凳跪，还有躺、卧、仰等姿势花样。有盘龙、翻身、行龙等精彩表演。

看舞龙灯、踩高跷是村里大人和孩子一整年的念想，所以村民乐意捐出财物组织活动欢欢喜喜过大年。

文化演出

20世纪60年代中期，为了活跃村民的业余文化生活，每逢春节，历届村干部都组织文化演出，大多数节目都是村民自编自演，由孙善新带队，周德林编导。

从"四清"开始村里成立了大庙屯业余俱乐部，每年进入腊月开始组建演出队，进行排练，春节前后开始演出节目。主要是根据形势进行时事宣传和编演新人新事物等节目。主要有《李二嫂改嫁》《朝阳沟》《逛新城》《书记全家当民兵》《张思德之歌》《都愿意》《三定桩》《三世仇》等。

1995年省柳子剧团送戏下乡，年前年后演了两场《孙安动本》。自这年开始，每年春节都请大剧团来村唱戏。

1998年，新村委大院建成后，在院内西侧建有固定戏台。请来的剧团有河南鹤壁市豫剧团、长清豫剧团、济南市吕剧团、邹平吕剧团、济南市京剧团。演出节目有《穆桂英挂帅》《卷席筒》《泪洒相思地》《柜中缘》《姊妹易嫁》《梁大娘请客》等。

1998年，建成文化大院后，在2000年搜集散落乐器，召集原乐队人员，组成大庙屯夕阳红乐队，孙善福为其组织者。2005年村委帮其补购扬琴、二胡、板胡等，乐队一直活动至今。

20世纪60年代，在周六晚上到106医院，或是当邻庄陡沟、马家庄放电影时，大庙屯村民都相约去看露天电影，有时还跑到市里大众剧场去看花钱的电影。

20世纪70年代初，大队部买了全村第一台14寸黑白电视机。村民李成之是全村首位个人拥有电视机者。

大庙翘楚　历史生辉

大庙屯村地灵人杰，历史上出现过诸多文士贤才，在每个历史时期，都有杰出人才，成为大庙屯人的自豪与骄傲，也为后人树立起见贤思齐之楷模。

正三品周连禄

周连禄，字驭轩，生于道光十九年（1839）十一月初七日寅时，殁于宣统二年（1910）六月二十九日戌时。清朝浩授武义都尉参将衔，世袭云骑尉，正三品。周公连禄其祖父孚森公于清咸丰十一年（1861）带团在长清县周王庄剿匪力竭身亡，皇封世袭云骑尉，以嫡系孙连禄承袭。该君忠孝节义，重修文武圣庙，修桥铺路，募捐赈灾，身

周连禄

为倡先，曾在乐陵、济阳、文登、长清等地任职防务，派办河务抢险，业绩异常。周公连禄病故后，被乡里传说化为保护一方的"大王"，即民间传说的黄河上的"大王"都化成小蛇出现。周连禄皇封世袭，头戴黄色蓝翎。周连禄正三品官职在周氏家谱有记载。

奉直大夫周文熙

据《长清县志·人物志》载，周文熙，字敬庵，中保大庙屯人，增贡生（明清科举的一种出身）。咸丰初，粤匪扰及东省，州县皆练团勇戒备，敬庵膺乡团长。平乱亲讨，智勇俱优，且居功自谦。其子周汝弼，字虞廷，充里董，节俭勤劳，大有父风，诰授奉直大夫五品顶戴；其孙周彤桂（辛卯举人）；曾孙连铨庠生，连钟、连锡大学毕业，名振当时。周家堪称"荣耀世家"。

清朝举人周彤桂

周彤桂，字复卿，清朝举人，生卒年不详。据周氏族谱记载，其为清代后期人，济南长清县艾家庄人（当时大庙屯庄被划为两个县管理，庄的东部归历城县管辖，叫大庙屯庄；庄的西部归长清管辖，叫艾家庄）。他生性豪迈，博通群籍，尤好经世之学。

2008年4月12日，《济南时报》载：曾参加过"公车上书"的周复卿28岁入长清县学，后游学济南，以文会友，人称"书篓"。光绪十七年（1891）乡试中举。光绪二十一年（1895）春赴京参加会试。时中日甲午战争中方战败，清廷派全权代表李鸿章赴日议和，签订割地赔款的《马关条约》。周彤桂响应康有为发动的"公车上书"运动，闻中日和议将成，于5月2日率130名山东在京会试举人联名上书都察院，坚决反对议和，力主变法自强。周彤桂由此闻名，山东巡抚李秉衡慕其名，多次派人密访，听其对时事及地方政务的见解。

周彤桂性格坦直，虽与官府往来但不乐于仕途。山东巡抚欲举荐他，力辞不受。著有《下学梯航》《农桑浅说》及注释保甲诸书。周彤桂连遭丁忧，哀毁成疾，不久病故，终年66岁。

大庙屯人物志

武林高手

清朝年间，大庙屯庄有两位远近闻名的武术高手：杨学师和王观风。杨学师，自幼拜师习武，身体较轻，渐渐地练成了轻功，能飞檐走壁，穿房越脊如走平地，起如飞燕掠空，落如蜻蜓点水，着瓦不响，落地无声，非一般人能所比。因他人品善良，武功高强，他的恩师将闺女许配给他，他的妻子也是一位武林高手。

王观风自幼喜欢武术，曾多次拜师学艺，他身材伟岸，肩宽背厚，腰杆挺拔，脚步沉稳，他开砖劈石手到擒来，村民称他大力士。

庄里的人们在北庙闲玩，王观风对杨学师说："你如果双手抓住大殿屋檐上的小瓦身转三圈，我就将庙大门的一对狮子换一换位置。"话语刚落，杨学师纵身一跃，腾空而起，直至房檐边上，两手抓住屋檐小瓦，身转了七八圈后又在空中翻转了几圈落地，檐瓦完好如初。

随后，王观风伸出两只胳膊，每只胳膊拎起一只狮子转了一圈，将狮子左右换了位置（原来庙大门狮子头是对着的），从那时起庙大门的狮子头各自朝外一直到今。

两位高手的技艺，引得现场观众阵阵欢呼，经久不息。这个神奇的传说也一直流传至今。

北沟路与史八万

新中国成立前，在大庙屯庄的东北方有一条北沟，是大庙屯庄通往魏华庄的道路，全长约2华里，地势由高变低。其中在大庙屯路段长约1.5里，靠近米山，地势高出4至6米。

北沟路是晴天一身土，雨天一身泥。常常因为雨雪路滑，牲口车上不来，下不去，给村民出行带来诸多不便。庄里姓史的一家看在眼里，记在心里，个人出资八万洋票，修筑了一段60多米长的大方石路，解决了村民出行难的问题。

史家因修路行善积德，家中添一男丁，为纪念北沟石路修建，给孩子起名为史八万。20世纪50年代末，北沟路因修铁路消失。

村民挖地洞的故事

抗日战争时期，大庙屯人为了保护生命财产安全，防止日军侵犯，李树之与村民合作，在自家的院子地里挖了一个防御洞。地洞长约4米，宽约2米，深约3米多，皆用青石砖垒砌而成，洞底向四周蔓延、扩展，可容纳50至60人。

当日军来庄里扫荡时，村民到地洞里躲藏，体现了大庙屯人机智灵活、不屈不挠的抗战精神。同时教育后人不忘历史，珍惜今天的幸福生活。

大庙屯村的行家里手

医者仁心

老中医李家益

新中国成立前，李家益在家中坐诊只开药方不售药，为村民免费看病。他精于中医内科，主攻伤寒、病毒等疑难病症，远近闻名。当有外乡人请他出诊时，他是随叫随到，竭尽所能。

老中医李荣之

新中国成立前，李荣之在家自开门诊，家有药房。他精于中医内科，专于伤寒、病毒等疑难杂症，救治患者无数，是十里八村名气颇大的老中医。"医德为本，病人至上"是他始终遵循的行医准则。

老中医王观风

生活在清朝年间的王观风，他自幼拜师习武，后又学医，精通中医内、外科，他以擅长治疗疔毒、疮疖等病毒性顽症而闻名遐迩。他一生无偿地为百姓看病，从不收取任何费用，赢得较高社会声誉，不少患者送来"妙手回春"的牌匾和锦旗。在其墓碑上刻有"清故处士"字样。

有一次，他去村民家借用一对箩子，这家人不借。半年后，这家人有人得了重病求他治疗。他精心治疗，很快治好了病。这家人问他花了多少钱，他说：我从来都是无偿为百姓治病，但是你家例外，你就交一对箩子钱吧。

随后，他去集市买来了一对新箩子放在大门外，供村民无偿使用。这家人看到后心中非常惭愧，决心悔改，从此也开始做善事。

大庙屯人邻里和睦、互帮互助的好风尚已代代相传。这正是事情虽小，意义非凡，凡人善举，感动人心。

孙思邈说："上医医国，中医医人，下医医病。"王观风不仅治好了病，还医好了人，正是妙手仁心的中医。

外科医生王振声

王振声，精通中医外科。新中国成立前，在自家开设门诊不售药，善治疮类疾病，随其治疗疔毒、疮疖等病毒性顽疾而声名大噪。他医德高尚，常常免费为穷人治病。

以匠人之心，琢时光之影

老木匠

木匠学艺很难，因多数人怕吃苦半途而废，所以真正成为木匠的人不多，村民对从事木匠的人都十分尊重。

大庙屯庄从事木匠行当且技艺较高的有：王文玉、刘振玉、祭大奎、祭大伦、杨家福、祭春生、韩世忠。他们主要以打桌、椅、板凳、柜、箱等家具为主，兼为村民修房盖屋做门窗、梁架等。

老石匠

刘树昌的叔父是村里最早的知名石匠，以打磨盘出名。他錾出的磨槽粗细宽窄一致，线条精致，根根笔直，不断不折，不是一般人能做到的。

曹林祥以打猪槽子而知名，这些僵硬、呆板的石头经过他的手，如同脱胎换骨，变成鲜活、灵动的"艺术品"。

泥瓦匠

在村中，修房盖屋，技术娴熟的称为泥瓦匠师傅。大庙屯的泥瓦匠师傅有：李家才以及徒弟孙善福，王克臣（最出名），房学泽，周世君，李家富，祭大信等，这些人被公认为村里修房盖屋技术最好者。

做豆腐的刘文泉

刘文泉算是大庙屯首屈一指的人物，在家卖豆腐供不应求，满院坐满喝豆腐脑的人。他身手敏捷，还是村里龙灯队的龙尾。

中华名家李家荣

李家荣，曾就学于大庙屯小学、红庙十中。自幼喜爱文艺，20世纪60年代进入济南铁路大厂，之后在大厂俱乐部供职，主攻油画。现为中国艺术家收藏协会名誉副会长。

丈量先生：周连珍、周芳桂、祭振东

新中国成立前后，周连珍、周芳桂、祭振东为各家各户免费丈量土地，他们一竿子一竿子丈量，边丈量边计算，所得数字准确无误，被村里人誉为"丈量先生"。主要用具是5尺的木杆和30厘米长的铁胚子（烙饼翻饼用具）。

神算子许玉臣

出生在新中国成立前的许玉臣从小拜师学习打算盘。从小耳濡目染，使他对算盘有着特殊的喜好，继承了先师的算盘技法。"左右开弓""双手合一""双手分开"都是他的算盘绝技。他打得快、打得准，人称"神算子"。

和事佬史太荣

史太荣，在早年的大庙屯庄名望较高，一旦村民有解决不了的大小事都来找他。他热心肠且能说会道，总把事情解决得十分圆满，使村民间的诸多矛盾和问题得以化解。大家都称赞他是村里的"和事佬"。

孙炳国　绘

岳而庄

岳而庄：画中山居

岳而庄有着丰富的历史文化积淀，三教堂文化古迹、钟楼和庄西影壁以及关帝庙、土地庙、老子洞、山神庙原址，这些历史文物古迹向人们诉说着村庄的悠久历史。

岳而庄村民牢记爱国爱家的优良传统，在抗日战争、解放战争和抗美援朝时期，先后有11名优秀热血青年奔赴前线。

岳而庄现有520户，1830余人，位于济南市市中区西南部，隶属于市中区陡沟街道办事处。岳而庄北靠青牛山，南依凤凰山，东邻文庄村，村西与小庄相邻。村南紧靠104国道，多条公交线路在岳而庄村东、村西设有站牌，直达济南市里和长清区，交通便利。村东侧是二环西路南延高架桥——凤凰山立交桥，高达35米，上下共5层，是济南市已建成通车的最高、最复杂的立交桥。

村庄的形成和变迁

济南府历城县岳而庄刁氏第九世祖刁可承于道光十四年（1834）修编

的《刁氏族谱》是刁氏先祖留下的至今可见的唯一文字依据。《刁氏族谱序》中写道："吾刁氏祖居枣强，自明初始祖讳千迁于历邑西南乡岳而庄居焉。"

历史上岳而庄曾搬迁过，原来的岳而庄在现今岳而庄东偏北的地方，俗称"庄壳"，其意应该是"空壳的村庄"，后来也改造为耕地。但"庄壳"名称一直口口相传下来，成为特指的地名，但什么原因以及在什么年代搬迁却没有口传下来。

《刁氏族谱》记载，"始祖墓在本庄正西"，"四世祖希孟又移茔于祖墓之西，及余曾祖治国又迁茔于庄之东北"。现今70岁以上的村民对这些墓地应该是见过并有记忆的。《刁氏族谱》记载的这三处墓地位置与现在岳而庄的相对位置是一致的，而与古岳而庄的位置不符。例如，所说"治国又迁茔于庄之东北"的墓地，俗称"石垃"，是在"庄壳"（古岳而村）的北边不远处。在"石垃"这块墓地里，自第六世祖治国起，这一支先后历经奉、九、可、永、仁（第十一世），共六代祖先安息在这里，这个墓地也是岳而庄刁氏一支最后一块族人集中埋葬的集体墓地。刁氏墓地分散之多，谱记不详，能说上来的东山头焦峪、庄东圈里、庄科，刁氏的四至十世都有名记。

村落整体搬迁是件大事情，若是喜庆原因搬迁族谱应该有所记载或反映，但《刁氏族谱》对此只字未提。说明村落整体搬迁是不得已而为之，

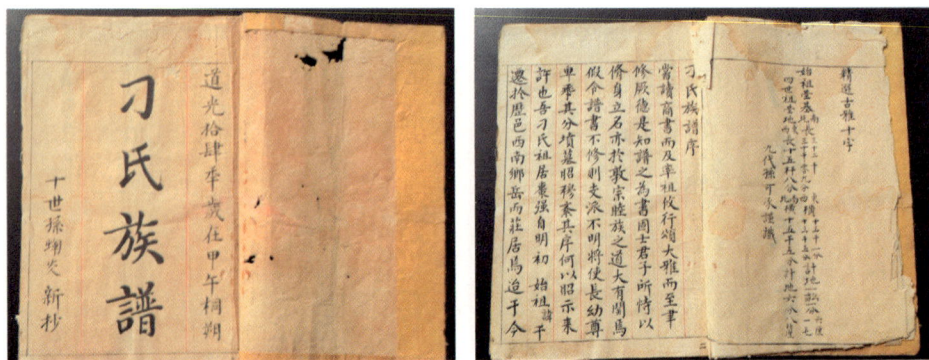

刁氏族谱

一般是村落遇到大灾荒、大瘟疫或战乱破坏等灾难，遭受到严重破坏和人员伤亡而被迫迁移。

据史料记载，恰恰是在明末清初，古岳而庄曾遭受到两次自古以来的地震灾难。一次是天启二年三月初七（1622年4月17日）长清东发生5.5级地震（现在确定震中就在今长清平安店一带）。《明史·五行志》记载，历城"坏民居无数"。距离这次地震震中很近的岳而庄民居遭到严重破坏是非常可能的。46年后遭受到的地震破坏更为惨重，这就是康熙七年六月十七日（1668年7月25日）郯城8.5级地震，这是中国东部地区有史以来破坏最为严重的地震，震中周围150多个县都受到不同程度的破坏。这样古岳而庄难免再遭荼毒，这在《刁氏族谱》中有客观反映。

岳而庄村东原来有两眼甜水井，东部村民都去那里打水吃。但这两口井都在村子外边，大约有200余米，据说其中一口是古岳而庄原来使用的水井，因水质不理想，才又打了另一口井。另外，岳而庄村东有一座土地庙，这与当地土地庙应该位于村西边的习俗是不一致的。据村里老人说，这是古岳而庄原有的土地庙，村落搬迁后依旧使用。

岳而庄曾经搬迁过是肯定的，但具体原因和年代则成了一个历史谜团。

另据岳而庄三教堂钟楼碑记载，清朝康熙三十八年（1699），这时的岳而庄叫岳家庄，全村不足百户，约二三百口人，共有三十余个姓氏。后来，因为多种原因，姓氏逐步减少。

光绪十六年（1891），据村西头大影壁石刻记载，主要姓氏有刁、胡、张、孙、赵、魏、郭、宋、马、刘、李、曹、王、孟等十多个。后根据村庄南凤凰山、庄北青牛山两座山，改庄名为岳而庄。

岳而庄传说故事

南北酒店

在19世纪末至20世纪三四十年代，随着济南府商埠区的建立，还有

岳而庄旧居

津浦铁路、胶济铁路的开通，济南府四周小酿酒作坊林立。历城县西南乡岳而庄是个有两条"官道"可通济南府及四乡的小村庄。村里有叔伯兄弟二人，在一条胡同的南北两头分别开起了酿酒（俗称"烧酒"）作坊。因其酒质好、规模较大，逐渐发展为济南南部一带小有名气的酿酒作坊，时称"牙儿庄南北酒店"，或简称"南北酒店"（过去，"岳而庄"是书写时使用的名称，当地对岳而庄一直口称"牙儿庄"。小时候听说，"岳而庄"可能是由"月牙儿庄"演变而来，但现今已经无法考证村名的来历）。

由于至今"南北酒店"停办已经七八十年，当事人都已经先后离世，且没有留下任何有关文字资料和实物材料。过往，当事人对有关情况也是缄默其口，很少提及"南北酒店"的事，经村里老人的模糊回忆，只能搜寻零星的不确切的情况。

南北酒店分别由岳而庄刁毓麟、刁毓凤（岳而庄刁氏第十四世）开办，他们是叔兄弟。刁毓麟是刁本立（老大）的长子，刁毓凤是刁本俭

（老三）的长子，但刁毓凤略长于刁毓麟。南北酒店具体开办年份、是同时开办还是先后开办，现在无法说清。刁毓麟开办南酒店时应该是在其弟刁毓山结婚且分家后，据说当时兄弟两人各分了约20亩地。

刁毓麟的儿子刁登云于光绪二十二年（1896）出生，所以南酒店开办时间应在其稍后，但相去不远。刁毓凤开办的北酒店是与其两个弟弟刁毓庆、刁毓宝所共有（其年龄差稍大）。南北酒店作坊规模差不多，实际在一个胡同里。开始共用一口井，因离北酒店作坊较远点，后来北酒店在自己作坊里另外打了一口井。

"烧酒"主要原料是高粱、小麦和麸皮，要将其加工磨碎。形成规模后一天供料1200斤。选料非常严格，只购买上等高粱、小麦、麸皮，不能有任何马虎。

发酵容器采用埋地的大黑陶缸，发酵要多次完成，是个复杂的工艺过程。具体加料、加曲、加水、续料、温度控制以及发酵多少天才完成等细节和核心技术都不得而知。蒸馏工艺也是复杂的。专门盖了跨度约十米的敞篷房子，有专门的蒸锅。

取酒是分段的，分头酒、中酒和尾酒三段。酿出来的酒装入埋地的大黑陶缸里，醒一段时间才出售。酒的度数很高，那时候没有具体测量酒精度数的仪器，凭经验判断，酒工和来批发酒的都是这方面的行家。

第一是通过直接看、闻和品尝来大致确定酒的度数和质量；第二是看酒花（酒泡），就是通过酒花大小、多少、停留时间等（酒起泡性能的差异）大致确定酒的度数和质量；第三是看酒的燃烧情况，就是把少许酒倒在酒碗里点燃，看燃烧快慢、是否熄灭等大致确定酒的度数和质量。南、北酒店的酒，只要点着，一直都是完全烧光才熄灭，不会残留任何水分；口味上南北酒店的酒属于浓香型曲酒，其色泽、香气、味道、劲头、口感都好。

酒店雇了近10个酒工，多是蛮子庄、寨而头等南部山区的村民，作坊按干5天歇1天的工作制度轮流休班。

南北酒店的酒各有牌子，南酒店的酒叫"福泉酒"，北酒店的酒叫

"庆泉酒"。有的装酒瓶卖，酒瓶很大，3斤1瓶。瓶装的主要供给济南府聚丰德、汇泉楼、燕喜堂等饭店，一般是按预约送去。大量的酒还是坛装，供济南府及四乡的批发商或零售商。向北至商埠，向东和南辐射到仲宫、柳埠一带，向西到历城、长清交界一带，批发可能是两毛钱左右1斤。

酒糟除自家常年供养十几头猪外，还廉价供其他农户做饲料。提坛装酒或酒糟的，大都早晨推着独轮小车来，也有肩挑的，一会儿就光了，从来不愁销路。为确保质量，从来没有因为供不应求而缩短工艺周期或降低原料标准等，所以一直信用较高。在20世纪30年代初，济南商埠成立酒业商会一类的民间组织，刁毓凤曾被推举为酒业商会的会长。

自20世纪20年代张宗昌、韩复榘等军阀先后督鲁后，南北酒店的发展就因战乱、原料短缺等因素受到限制，逐渐走下坡路。至1937年日军侵占山东后，就时停时复，至20世纪40年代初南北酒店倒闭，共存在近40年。

1958年，历城县拟建县酒厂时，县有关人员曾到岳而庄来调查南北酒店的酿酒之事。刁登云（刁毓麟独子，南酒店后期的掌门人）、刁步云（刁毓凤次子，北酒店后期的掌门人）等分别介绍了有关酿造设备、发酵和蒸馏工艺、酒曲配方、酒工等情况。随后，在建设历城县魏家庄联合酒厂时，使用了南北酒店当时还存在的建材和设备。后来，魏家庄联合酒厂又迁到仲宫，主要生产地瓜干白酒，后几经变更，现今名为"济南趵突泉酿酒有限责任公司"。

在19世纪末至20世纪初期，随着济南府商埠开放，津浦铁路和胶济铁路的建成等外部环境条件，岳而庄通往济南和四乡有比较便利的交通等优势，岳而庄南北酒店也应运而生，分别生产"福泉酒""庆泉酒"。凭着诚实的经营而获得较快发展，成为济南南部小有名气的酿酒作坊。在日军侵占济南后，随着国难当头也就倒闭了。

头牌掌勺大师傅刁五爷

清末民初，有位岳而庄厨师在老北京杏花村酒楼是远近闻名的头牌掌勺大师傅，人称刁大勺、刁五爷！在烹饪界的名气很响亮，慕名而来的食客涵盖了当时的社会各界名流，每天都络绎不绝，大堂里、楼上楼下的雅座包间都高朋满座。

刁五爷在济南府也干得很有名堂，在当时商埠商业街上最繁华地段最气派的百芝楼，是数一数二的大厨师。他在这个行业里面摸爬滚打几十年练就了一身好手艺，炒得一手非常地道的鲁菜。

一次，本村一大户人家孩子结婚，婚后第三天，按照当地习俗，这天是新娘回门的日子。从婆家那边带过来的大提盒抬入厨房里，这边请来的厨师打开提盒一看，瞬间目瞪口呆、两眼发直，对主家连连说道："哇！真是让我大开眼界了，有生以来我还是头一回看到这么讲究、精致的配菜，一看就是出自行家里手啊！就凭这刀功，甫问肯定是出自咱济南府百芝楼鼎鼎大名的刁五爷之手。我等汗颜、惭愧啊！请恕在下学艺不精，技艺不深，功夫还远远不到家，这等菜品、这等手艺岂是我能驾驭得了的？您还是另请高明吧！在下实在是爱莫能助了。"主家无可奈何，只好赶紧派人套上高头大马，拉着车风驰电掣一般地赶到岳而庄请来刁五爷，方才解燃眉之急，宾客们也因此享受到丰盛的美味大餐。

有一年的石房峪庙会，一位北京客人随着熙熙攘攘的人群不知不觉走到了外面搭着凉棚的小饭馆前，忽然被一股扑鼻的香气所吸引，抬眼望去，只见店小二端着满盘子热气腾腾的菜，进进出出穿梭忙碌着。恍惚间，这位北京客人肚里的馋虫被勾上来了，身不由己地走进店里，拿起菜谱随意点了两道菜。不一会儿工夫菜被送到这位客人面前，他拿起筷子夹起菜送进嘴里嚼了嚼很快就吞进了肚内，禁不住狼吞虎咽地吃起来。风卷残云，两道菜很快被这位客人吃得一干二净。

饭后茶随即端上来，香喷喷的饭菜加上香喷喷的花茶，三者混合交融，有种说不出的舒服感觉。客人不禁犯起嘀咕：未曾想这穷乡僻壤，一个小小的山会、小小的饭馆里竟然能做出如此美味！将跑堂的伙计喊过来："贵店看来是藏龙卧虎所在，能做出如此味道纯正、堪称一绝的美味之人，绝非等闲之辈！请将你们掌勺的大师傅请上来，我要认识一下。"伙计立马下去，稍等片刻，随着话音"敢问是哪位客官要见我啊"门帘一掀，闪出来一膀大腰圆的彪形大汉。

客人连忙起身，两手抱拳致意。两人寒暄几句便熟络起来，聊得很高兴很投缘。彼此之间敞开心扉，大有相见恨晚之感，最后竟然称兄道弟起来。临了客人兴起，当场犒赏大洋五十块以示谢意。二人约定来年在此地再聚。为尽地主之谊，大厨又掌勺上了一道回敬菜，名曰金猴闹乾坤。冒着热气的菜随即端到客人面前，凑上去仔细一看，只见一只只熟透的虾泛着红晕、蜷曲着身子，虾螯虾腿张牙舞爪，个个都抱一段韭苔，像大闹天宫的齐天大圣般紧紧抱着金箍棒，在那里竞相展现。北京客人这回真是大饱口福，大开眼界了。

手到病除的老中医

清末民初，岳而庄有一医术高明的老中医，名叫刁本明，在周围十里八村很有名望。老两口膝下无儿无女，相依为命，相互照顾，靠一身的好医术吃饭，过着自食其力、自得其乐的生活。

有一年的秋天，自家地里种的黍谷熟了，由于自身年老体迈，只好依靠本村本族的年轻晚辈来收割。赶巧这次这个年轻人身体不适，胳膊上长了个脓疮，疼痛难忍，干活使不上劲，也无法下地干活。刁老先生便用自己亲手调配的药膏敷在他的疮口上，不到一袋烟工夫，痛痒全部消失。小伙子紧接着就赶往村外田野，一鼓作气将田里的庄稼收得一干二净。

听说这位老郎中，有一身的看家本领和绝活。不管是啥疑难杂症，只要经他望、闻、问、切，再加上一番推拿按摩、针灸治疗，前胸扎上几针，后背敷上几贴膏药，基本上就可以手到病除了。

壮汉爷爷

岳而庄胡姓最年长者胡长文的老爷爷——壮汉爷爷，在岳而庄有两个家喻户晓的故事：有一年秋后，壮汉爷爷闲在家里无事可做，就去渴马庄贩运秆草（谷子的秸秆），有个人把他叫住，他跟随此人到这户人家看过一个秆草垛，壮汉爷爷"嗨"了一声，意思是有点失望，秆草不够多。

卖家说："这些还不够你挑的吗？如果你能一担挑走，我一文钱也不要！"壮汉爷爷也来了犟劲，让主家找来两根井绳和半截檩条，把秆草捆好，一哈腰挑起来大摇大摆地走起来，边走边唱二簧。主家一直跟到半山腰，见壮汉爷爷挑着担子脚下生风，越唱越来劲。

壮汉爷爷一口气走到山顶，才放下这一担秆草。回家借了两头毛驴驮了四驮子，剩余的一大捆他挑着回了岳而庄。

有一年春节前，他外出回来饿了，问道："家里有什么吃的？"

家人说："有刚蒸出来的黄面，你去吃吧。"

当时天已黑了，还没掌灯，他坐在伙房里一口气吃了半盖垫。

家人问他："黏不？"

他说："不黏啊！"

家人走近一看："嗨！你吃的是生的，还没装锅呢，熟的在簸箩里。"

橛山桥：一块豆腐一块金

在20世纪五六十年代，人们茶余饭后或在坡里劳作休息之际，不像今天的人们手机随身，想听就听，想看就看，坐在对面很少交谈，那时只要人们闲下来，男人们除了吸袋烟就是东拉西扯。因此也有些古言古语代代相传，也不知传了多少年，也不知变了多少变，但是，必有一个实事做依据。

沿着现在的104国道，从岳而庄往西南走大约十里，在北桥村和南桥村之间的大沙河（玉符河）上，至今还存在一座显得有些古老破旧的石头桥，在当年却非常雄伟壮观，承载着从济南到泰安来来往往的行人和客商。

很早以前，北桥、南桥两村之间虽然是济南到泰安必经之路（老百姓俗称大道或官道、京道），但是没有桥，只能从河底穿过，没有河水时还算比较便利。水小时，用石头垒砌底座，石头上面搭木板和树干建起便桥。年年冲，年年垒，可想而知。此河虽然是一条沙河，也叫山河，但是雨季河水来源却是济南南部山区的三川四峪（锦绣川、锦阳川、锦云川；仲宫峪、柳埠峪、高而峪、渴马峪），水流大，水势猛，便桥被冲毁，人们只好绕道而行。

据说大沙河附近村里有一大户人家，为了显摆家中的财势，打了一次响场，方圆二十余里都能听到铃声。响场是用无数圆木和木板搭成很大的平台，上面垫上土形成大场院，平台下面空着，吊上上百个大响铃。庄稼穗在场院上面晒干，套上骒马拉着碌碡在场院上奔跑，骒马脖子上套上一圈铜铃，其中一个特别大，骒马跑起来，脖子上的铜铃颤动，带动平台下面的铜铃发出咣咣的响声，非常壮观。此事传到了济南的官府，官老爷了解清楚来龙去脉以后，说："这家不是有钱吗？钱没处花，就叫他在河上修座桥吧！"

就这样，这户人家出资修了这座大桥，名叫橛山桥。

在那个年代，修这样一座大桥是很不容易的，石料是从山上弄下来的，石灰是用河滩上河流子烧制的。直到现在，岳而庄一带都说修房盖屋买河流子石灰最好。

虽说罚人修桥，但也是官府主办，声势不小，周边石匠、瓦匠全都赶来修桥。传说快完工的时候，有一位老者天天到工地上来玩，没有人认识他，工匠们都在忙活，也没有人在意他。都常见这个人，可也不知道什么时候他就消失得无影无踪，谁也说不清楚。只有一个卖豆腐的老头对他印象最深刻，说老者有时吃他的热豆腐，尤其到了接近完工的这段时间，经常来工地，吃了豆腐没钱，都是赊着。老者看上去很面善，不像远处的。前一段时间，老者还给了他一块不大不小的石头，说压豆腐筐子正好。

到了石桥临近完工的时候，大桥合拢，最后一块石头怎么打也不合适。看着量着合适，放上去就是不合适。石匠们正一筹莫展的时候，一个人忽然发现了豆腐筐里的那块石头。哎！放上正好，严丝合缝。

人们这才发觉老者好几天没来工地了，纷纷议论猜测起来。卖豆腐的老头说："老者赊欠的豆腐钱并不多，压豆腐筐的石头是老者送给我的，也没见他从哪里弄来。老者曾说过他如果还不了我豆腐钱，准有人来还我，绝对欠不下。当时我也没在意，谁知在这里竟然能用上，看来老者是位神仙。"

石匠们顿时如梦方醒，齐说：祖师爷鲁班到此！工匠们倒头齐拜，然后纷纷争着抢着还上祖师爷欠的豆腐钱。一块豆腐一块金。这个传说代代相传若干年，在岳而庄一直流传到现在。

兔子窝

岳而庄以前有一个人，经常对村里人说：上坡干活，经常在他家的地块碰上很多兔子又蹦又跳，还有一只大兔子领头，像是有组织的样子。是不是兔子大了也成神？大家都知道他常常有影没影地说着玩，借一些奇闻逸事来吸引人，后来人们给他送了个外号"兔子神"。慢慢地，庄里人提到他时就说兔子神怎么了，兔子神家如何如何了。若干年后，这个人死了，埋葬在自家的这块地里，这块地因此得名"兔子窝"。

玉皇山清虚观

在市中与槐荫交汇处，党杨路西，马庄村北有一座不起眼的小山叫玉皇山。从地图上看，此山海拔高度58.4米，山上建有一座道观叫清虚观。此观和长清五峰山洞真观、市中区长春观齐名并列为济南三大道观，也是市中区唯一一处挂牌的道观。

从后山上残存的石刻和赑屃、龙纹碑可以看出，此山历史久远，底蕴厚足，命运多舛，名状无不叫人唏嘘。

乾隆十八年（1753）碑文中有"来寻福地（之灵）"之句。

玉皇山坡度平缓，松柏苍翠，植被茂盛。山门坐北朝南，石狮护门，门额上书"清虚观"三个金字，显得格外清静庄严。据说，清虚观始建于宋真宗大中祥符六年（1013），距今已有1000多年历史，大兴于明清，鼎盛时期曾有几百道众在此修行，龙门祖师长春真人丘处机曾在此传经布道。

走进山门可见一块石碑，石碑上记录了清虚观1952年废黜之后，马家庄村民修建清虚观的功德。

沿道前行，周边松柏簇拥，灵气缭绕，拾级而上，来到灵官殿前。殿内供奉着道教护法镇山神将王灵官，其神态威武凶猛，三目圆睁，虬须怒张，披甲执鞭，以震妖降魔。两边有楹联：三眼能观天下事；一鞭惊醒世上人。

"上山不上山，先拜王灵官"。王灵官神位之东供奉车神之位。灵官殿东侧为道德讲堂，是清虚观道众论道学习以及为信众答疑解惑的讲堂。西侧则是供奉路神之位。

出灵官殿前行登25级台阶，抬眼可见玉皇大殿。大殿飞角翅檐，筑于高台之上，十二根立柱顶立，金碧辉煌，气势雄伟。重建"清虚观"时挖出的二龙戏珠碑头一块，年代不详，碑身无存。大清乾隆碑半块，上身无踪。玉皇大殿后为两层楼阁，一层为元辰殿，二层为三清殿。

济南名臣殷士儋

殷家林村是济南市市中区陡沟办事处辖下的一个自然村。村北侧有凤凰山，凤凰山南麓山脚开阔地上有座古墓，呈四方形，高约两米，石砌台基，四周汉白玉石栏，墓顶一棵茂密侧柏罩住墓体，倾倒的墓碑上刻着"殷士儋墓"。

"济南名士多"绝非虚言。时光退回到明朝，济南出了一大批文人名士，其中"历下四诗人"尤为著名。四人分别是李攀龙、边贡、殷士儋和许邦才，他们都是科举出身，官居要职，同时又颇具文采，引领风骚，为后世留下了宝贵的文化遗产。

凤凰山北依大丘山，海拔180.4米，东西长约1公里，岗峦起伏，苍郁连绵，是志书中多有记载的名山。南麓山脚开阔地有古墓一座，就是明代宰相殷士儋的墓园，人称"阁老墓"。原吕王庄因毗墓而更名为"殷家林"，殷姓后人在这里繁衍生息至今已有430多年的历史了。

殷士儋，字正甫，又字棠川，历城人，明嘉靖（世宗年号）二十六年（1547）进士。生于明嘉靖元年（1522）三月八日，自幼聪颖过人。

隆庆元年（1567）擢侍读学士，掌翰林院事。隆庆二年（1568）拜礼部尚书。隆庆三年（1569）任文渊阁大学士。

殷士儋在诗坛颇负盛名。明代嘉靖年间，历下诗人号称"边（贡）、李（攀龙）、殷（士儋）、许（邦才）"。其诗结集为《金舆山房稿》。

其先祖武定州人（祖籍今惠民县）。殷士儋的爷爷叫殷衡，在济南府做官，后定居在济南，殷士儋遂成了济南人。

殷士儋14岁为秀才，19岁中省试举人第五名，后因父病逝新丧，殷士儋不能赴京会试。为生计他只好在家办私塾，教授弟子，收入微薄。夫人翟氏是章丘锦川人，名士翟洪的三女儿，平时剪些花彩，变卖以供急需。

嘉靖二十六年（1547）丁未，殷士儋登进士第，到河北广平府肥邱县当县令，后授翰林院检讨（史官），在宫内书馆读书，与张居正同期毕业。由于他才高识广，所作文赋，宏深博钜，不拘时格，评为甲等，名列前茅。因成绩优秀，被调入裕王府，担任未来皇帝朱载垕、朱翊钧的老师。

据《明史·殷士儋列传》记载，殷士儋一年四季进讲《祖训》《大学衍义》《贞观政要》等。做老师期间，曾不顾权臣的排挤，向皇上进谏，提出"疏请布德、缓刑、纳谏、节用，饬内外臣工讲求民瘼"的建议，令大小官员关心民间疾苦。"凡关君德治道，辄危言激论，王为动色"。深得隆庆帝嘉许，提拔重用。隆庆元年（1567），任吏部右侍郎；次年，任礼部尚书；隆庆三年（1569）兼任文渊阁大学士；隆庆四年（1570）改为武英殿大学士。

殷士儋既是一位关心百姓疾苦的好官，同时又是一位有胆有识的正义之士，他敢于进谏，刚直不阿，反对侵略，励精图治。曾因看不惯作威作福的权臣高拱，竟在众臣面前"奋臂欲殴之"。

殷士儋从进士到入相，虽官至正一品，他一直安于讲经、教书，且心地良直，守分知止。明朝后期党争激烈，他不恋崇官厚禄，揽权谋私，因受奸臣高拱等的排挤、陷害，多次上疏请求辞官返归故里。隆庆五年（1571）辛未十二月，终获隆庆帝旨准回到济南，并赐给道里费，月赐廪粮4石的薪俸，从而结束了他24年的官宦生涯，时年50岁。

《明史》记载，11年后，即明神宗万历九年（1581）辛巳冬，殷士儋突发股疾，翌年（1582年）6月8日卒，年61岁。门下诸生公议，请同为帝师的东阿于慎行为他写行状。万历皇帝得知老师去世的消息，十分悲痛，遂赐其"金顶玉葬"，追封太保，谥号"文通"，后改谥"文庄"。

殷士儋家世代居闵孝里，也就是现在的闵子骞路殷家小庄，其家族墓地位于"其东南二里所曰五鼎山"，也就是如今的五鼎茂岭山。但因为母亲郭氏"墓圹有涂矣"，殷士儋便连同父母一起葬在济南西南长清凤凰山阳（南面）。

墓前原设神道，神道宽4米，两侧各有五个石人、石马、石羊、石狮、石虎、牌坊柱等石像依次排列，憨态可掬，惟妙惟肖。墓前百余米处，筑汉白玉牌坊一座，两侧各有石碑一块。

殷士儋御葬墓占地约30亩，墓冢建制呈四方形，台基高约2米，封土高4.5米，四周由约13.7米见方的须弥座保护，材质由仿木制榫卯结构的青石嵌接而成，图案花纹雕刻十分精细，做工考究精美，保存比较完好。

墓顶平坦，墓、柏同生并长，中间一株苍劲的侧柏耸立，高约5米，树干胸围阔约2米，树根裸露，树冠将墓体罩住，似一把巨伞凌空高悬，虬枝盘曲，四散纷展，遮阴蔽日，古朴葱郁，巍峨壮观。

1979年殷士儋墓定为济南市重点文物保护单位。2006年公布为山东省文物保护单位。残缺的墓碑上刻着"殷士儋墓"四个大字。上下各刻有"济南市革命委员会一九七九年九月三日公布"和"历城县人民政府立"等字样。

墓西南70米处的渠桥上有明隆庆元年（1567）三月御制诰碑1通，碑高3米，上有墓志铭。"文革"期间，墓碑、牌坊等多被毁坏。

因流传"殷阁老"入葬时是"金头玉身"，所以引来了不少盗墓者的垂涎，多次有人伸出"黑手"。

据殷家林村党支部书记周长青介绍，近几年"阁老墓"已经五次被盗，2013年8月的这次盗洞直径约两米，深七八米，坑底隐约可见杂乱的木板，不知道是棺椁，还是盗墓贼留下的。墓中是否失窃文物，至今不得而知。

多年来，殷家林村党组织及殷氏后裔多次向文物部门申请修复和保护，2013年墓地四周拉起了院墙，并在门口盖了3间房屋，院墙为开放式，2015年安装了大门和监控设备。

殷士儋辞官回到济南后，在趵突泉边筑"川上精舍"，选万竹园为居身之所，后取与"万民同乐"之意，将万竹园易名为"通乐园"。占地数顷，为屋数椽，垒山叠石，疏泉筑亭，植柳栽花，树木青葱，湖石屹立，十分精美。他在这里讲学著书，从者如云。

坊间传说

相传，殷士儋是万历皇帝朱翊钧幼时的老师，朱翊钧曾因认错（有说"写错"）一个字，被老师打了一巴掌，自此，便将该字牢记在心。后来，朱翊钧继位当了皇帝，在一次处理国务时又遇此字，见字生情，想起了当年的老师，为报师恩，钦令下诏书请殷士儋进京受封。此时，殷士儋正患病卧床，难以从命。钦差走后，殷士儋觉得有抗旨不遵之嫌，惊恐不安。

《聊斋志异》中有一则"狐嫁女"的故事，说的是一位胆大刚直的殷天官，在一处无人敢住的宅子里，邂逅一狐狸家族嫁女的场面。故事中的殷天官，其实就是济南的这位历史人物——明代大学士、礼部尚书殷士儋。

故事如下：

历城有一官宦住宅，因宅中时常出现怪异现象，久而久之，大白天也没人敢到里面去。有一天，殷天官与一群书生在一起喝酒。席间，有人开玩笑："谁能进去住一夜，我们就把这桌酒菜送给他。"听此，殷天官从座席上跳起来说："这有何难！"于是，他径直进了院子。殷天官登上月台，发现月台光洁可爱，于是，他便以地当床，以石作枕，躺下了。一更过后，在他神情恍惚间，忽听楼下好像有人沿台阶上来了。

于是他假装睡熟了却眯着眼睛偷看，只见一丫头手拿花灯上来了。一看到殷天官，吓得往后退，并对后面的人说："有陌生人。"不一会儿，上来一老头，走到殷天官旁边，仔细打量了一下，对旁人说："这是殷尚书，他已睡熟了。我们只管办事情，他为人豪放，不会责怪我们的。"于是，老翁带领大家上了楼。

一会儿，往来的人熙熙攘攘，楼上灯亮如白昼。殷天官打了个喷嚏。老翁连忙出来，跪在地上说："小人有个女儿今夜里要出嫁。不想触犯了贵人，请千万不要怪罪。"殷天官起身，用手扶起老翁说："我不知道你今夜办喜事，惭愧得很，没有什么礼物表示恭贺。"那老翁说："贵人光临，我们非常荣幸。"

殷天官很高兴，便答应入席。紧接着，乐声大作，新郎、新娘进来了。老翁先教他们向贵客行礼。礼毕以后，众人入席。酒肉蒸腾，香气扑鼻，金杯玉碗的光辉照亮了酒桌。

殷天官没有忘记他此行的目的，于是趁人不注意，暗暗把一只金杯藏进袖中，待返回时，可拿此物作证。然后，他假装喝醉了，便一头靠在酒桌上昏睡起来。其他人真的以为他醉了，都没去打扰他。一会儿，所有的人都离开了。待东方破晓，殷天官这才起身。但室内已空无一人，只闻脂粉香和酒气。

殷天官从容走出门口，一群书生早已在此等候。殷天官不慌不忙地从袖中取出金杯，书生们惊奇地询问金杯是从何处得来的，殷天官便把昨夜发生的情形告诉了他们。大家一听都当真了，因为一个穷书生不可能拥有什么金杯。

孙炳国　绘

第二编

党家街道

党家：一个有美丽传说的地方

社会在发展，历史在前进，原来的古街、旧巷、人文历史正在逐渐消失。为了留住故土的历史印记，我们追溯历史，我们用文字记录村落的变迁，传承村庄的文化。

济南市市中区党家街道，有一个又一个美丽的传说，这一个个的故事传说就像是一颗颗尘封的珍珠，散落在党家的大街小巷。

党家街道地处济南市市中区西南部，面积120平方公里，辖45个行政村，1个居委会，人口64654人。地势南高北低，南部为丘陵，北部为平原，自然风光优美，人文气息浓厚。有渴马崤风景区、土屋村吴家泉、黑崤泉风景区、寨而头村关胜墓、催马村西周墓地遗址等自然历史景观。

其中，党东村、党西村、刘家林村为少数民族——回族聚居村。辖区内有三座历史悠久的大型清真寺，形成了具有党家独有的多种文化融合的自然人文景观。少数民族人口约0.9万，约占济南市少数民族人口的十分之一。该区域文化具有浓郁的伊斯兰风格。

党家因为这些传说更加神秘、更耐人寻味，故事也因了党家而更加鲜活和生动。让我们走遍她的大小胡同、小街小巷，去解读那一个个与她血脉相连的传说吧！

党家庄：从南京到北京

党家庄是山东省最大的回族聚居区，地处泰山山脉北麓西北角，北距古城济南三十余里，西面山丘环绕，犹如聚宝盆，位于古齐国和鲁国交汇处。村西有途经井家沟、皇上岭、黄山店、炒米店的古代驿道，是古时候著名的"九省御道"（即现在的104国道，20世纪60年代由青龙山改道，途经七贤庄、岳而庄、党家庄、炒米店进入原道），是南京到北京的必经之路。

20世纪，津浦铁路建成通车，即设有党家庄火车站，给当地的发展增添了新的契机。由于环境优越，交通方便，土地肥沃，迁入的人口不断增多，村子的规模也不断扩大。

党家庄起源于元末明初。元朝末年，回族白姓先祖由泰安逃难来此落户形成白家庄。明洪武四年（1371），党姓始祖由山西洪洞县城西甘杞岭迁来济南历城定居于此（摘自《中华党姓文史概览》第134页）。此后，马姓、李姓、法姓、杨姓等各家祖先从外地相继迁来，形成了"党、白、马、杨、李、法、张，金、左、何、郑、沙、宛、王，文、周、唐、宫、吴、于、黄"的多姓自然村。

党家庄自建村以来，已有六百五十多年的历史。在这漫长的历史耕耘中，祖先们饱受了饥饿寒冷、疾病侵袭、战火硝烟和社会动荡的苦难。但他们也在这块土地上，开荒垦田、努力耕耘、艰苦创业，营造了美好的生活，谱写了自己的幸福生活。同时，还继承了回族自古以来具有的经商的良好习俗和历史传统，并积累了许多经商的本领和经验。

20世纪30年代，党西村的有识之士，发起并确立了党家庄"三八"大集，集市贸易非常活跃。牲畜市、皮毛市、木材市、蔬菜市、粮食市，生产资料市、布艺市、百货市，牛羊肉市、鱼市、干鲜果市等门类齐全。由此延伸的诸如鸡市胡同、枣市胡同、盐店胡同，李家磨坊、周家包子铺、党家茶叶铺、左家茶馆，碳场子、礁子场，等等，都说明集市贸易具备了一定的规模；沿街的牛羊肉鸡鸭店铺、饭店、茶馆，炒货、干货、鲜货、小吃等五花八门，丰富多彩；还有那些经营小本生意的货郎和卖大饼的、卖糖果的、卖香油的、收旧货的、卖水果的、卖土特产及农产品的，他们推着木轮车或担上货担，或拎上竹筐走街串巷，边走边吆喝。这些都反映出回族民俗经贸的繁荣和活跃。

周子陶 绘

党家庄西村

党家庄西村之回族民族村

党家庄西村（以下简称党西村）隶属于济南市市中区党家办事处，是回族民族村，信奉伊斯兰教，是党家街道中心村，党家街道驻地。党西村人口较多，现有800余户人家，近2700人。

历史沿革

元朝末年，有党姓居住此地而得名党家庄，又有庄北的白家庄（现党西村北104国道南），庄南的苗家庄（现党西村老供销社南），庄东的朱官庄（现党家庄东村）合并称为党家庄，后又分为西村与东村，朱家庄地界为东村，其余地界归入西村，西村即称为党家庄西村。

1948年济南解放时，党西村属历城县邵而区公所；1958年称邵而公社党西生产大队；1971年4月属邵而区党家乡；1981年，属济南市历城区党家庄镇；1987年，划归历城区党家庄镇。

现党西村村民（除极个别后迁入者）全部为回族，有白、党、马、法、李、左、金、何、杨、郑等诸姓。白姓于元朝中期最早居此地，在村

马家门楼遗址

民的口口相传中说先有白家庄，后有党家庄，现今历城区档案馆中有资料可查证，因白氏家族人丁不旺，又有部分白氏族人因为历史原因外迁（有白氏祖传家谱作证），白家庄久而久之更名党家庄，原白家庄旧址是现今104国道京沪高铁、公铁立交桥的南北两侧，白氏祖坟原在公铁立交桥的位置，后20世纪80年代修建104国道，部分祖坟迁于丘山公墓。

党姓于元朝末期迁于此地；马姓由河北省枣强迁入，在村西马家林立有雕龙碑一方，又建马家门楼、马家小展等古建筑；法姓由泰安法家岭迁来；李姓于明朝由山西洪洞县宦游迁居；左氏、郑氏等大多姓氏于明末在此定居；何氏由北京东何家寨迁入；杨氏由山西省洪洞县迁入；白氏（即上文的白家庄人士）于元代中期居此。

古槐：党西村历史活化石

党西村历史活化石——古槐，位于党西村何家胡同87号院，称之为马家老槐树，历经数百年之久，在数代主人精心保护下，至今枝繁叶茂，成为数百年间党西人繁衍生息历史见证的活化石。

该古槐，树身周长2.8余米，树干挺直，树荫面积数十平方米，保护极佳。古槐之卓然风貌，大隐于悄然一隅。

海右历山古村落，古寺悠幽话传奇

党西清真寺坐落于党西大街西首，始建于元朝末期，距今已有六百多年历史。占地面积2000多平方米，建筑面积1000多平方米，是周边村落最古老、最完善、最宏伟的少数民族宗教建筑群，兼具中国传统建筑和伊斯兰建筑风格。

清真寺前后共两进院落，平面呈东西走向，长方形结构，建筑布局完善合理，均为中国宫殿式门楼建筑。整体由门庭、大门、二门、南北讲堂、礼拜大殿、沐浴室几大部分组成。

大门前有青砖花墙门庭一处，门庭西侧安置"党西清真寺"石碑一方；入口台阶处有石虎一对，为建寺时旧物；石虎对面路边立一座外照壁，须弥底座青砖墙面。寺门坐南面北，中式门楼，硬山起脊顶，四角起翘，翘脊置兽吻3座，分别是狮子、天马、海马3个走兽；门楼采用府衙寺观的金柱式结构，红柱灰墙，斗壁拱檐，梁檩彩绘栩栩如生；正中对开两扇漆红大门，上挂"清真寺"木质名牌，门枕一对石狮。

走进大门，是第一进院落，院南侧为青砖影壁，影壁上绘有青色图案衬托青色阿文的经字画。经字画是中国穆斯林用阿拉伯文字绘写伊斯兰经典中警句、格言的一种书法艺术形式，因其文字多为经典名言，款式形状多呈图形画意。

院落西侧是一道青砖灰瓦垒成的花墙，2米多高，中间开方形门楼一座。门楼采用歇山四坡顶，前后左右四面坡置青瓦，四角起翘，各置3座兽吻；门下的一对石兽偏小，为后期整修之物，原构件仅存一个。石兽的蹲石正面，绘刻梅花、喜鹊、宫灯图案。

过门楼就进入二进院落，院内南北两侧讲堂各三大间，东南角水室——浴池六间。礼拜殿坐西面东，占地500多平方米，由三座建筑勾搭相接而成，前为券棚式门厅，中后两座为歇山式大殿，三者融为一体，错落有致。主殿顶部中央置圣物一座、二龙戏珠脊兽一对，四个脊角各置兽吻五座。大殿前出廊厦，立四柱，面开三间，各间门额处挂匾一块。主门匾额——认主独一，北门匾额——万化归真，南门匾额——同登善域。

卷棚进深五米，殿内面积近三百平方米，可容纳二百多穆斯林群众做礼拜。内部装饰丰富多彩，既有呈现中国传统色彩的漆红花棱门窗、雕梁画栋、斗壁拱檐；也有穆斯林群众礼拜时的用具及宗教装饰。正殿西墙正中圆形凹壁，也称"米哈拉布"，是穆斯林群众礼拜时的朝向标志。

建寺时也挖掘了一口古井，井水清澈甘甜，供寺中及寺周边穆斯林群众饮水。但是在"文革"时古井被填埋。

党西清真寺是济南地区除西关南大寺之外，第二座历史古老的清真寺。

党西清真寺

鹅卵石主道

在寺内二门到大殿之间，保留有原来同寺同期修筑的鹅卵石主道。主道宽3米，长12米；南北讲堂中间为辅道，宽2米，长12米，成十字方形。东西主道，前后分九组，一组一对，共计9种18幅鹅卵石拼接图案，每幅图案各代表一种物形，现存可以分辨的仅有东首几幅，还有历代阿訇口传顺口溜一段："进来二门万字泉，千亩良田绕庄园，历山，泉涌，湖波荡，荷花骨朵配香莲。花篮，宝瓶，兰草都摆好，大殿门前有八宝。"

这些美丽的图案与之间相辅相成的口承语言，为古之济南府著名的历山、泉水、明湖、莲花、兰草等物做了生动形象的描述。可见党西穆斯林群众以土地为生存之根，以大自然山水、湖泊、花草树木为伴，以谋求幸福之路为目标的美好向往，同时彰显了勤劳工匠高超的工艺和智慧才能。

丁千斤与何万斤

在清真寺大殿前石阶下左右两边，各置有直径40厘米，长达6米的硕大花岗岩石柱，为寺外之物，围绕着石柱尚有一段传奇故事。

在党家庄东边有一座大山，地理标注为凤凰山，庄里人习惯称为东山。据村民说，东山南侧山坡上曾有一座柏山寺，建于元朝，元末时被红巾军毛贵部攻打济南府时烧毁。后于明嘉靖年间重建，至明末崇祯某年冬烧毁，当时为柏山书院，清同治年间再次全部烧毁。至今山南坡遗址上还保留着一座柏山寺石碑。

明崇祯年间，有两位党西村民上东山打柴时，在废墟中发现两根大火烧过后仍保留完好的花岗岩石柱，两人私下议论说咱村清真寺中要是有这两根石柱该多好。二位大力士将石柱一前一后扛到了党西清真寺，从此，这两根花岗岩石柱卧地至今，这二位大力士就是丁千斤、何万斤。

传世圣宝《古兰经》

在清真寺北讲堂教长室内长条几上，左右两端各放置着一个玻璃函匣，里面便是珍藏于本寺的手抄本《古兰经》古书一部，全三十册已有300余年，该《古兰经》古本共十八卷全部手抄之。

此经书历经岁月数遭劫难，幸有乡老冒着极大危险将这部济南地区最古老、最完整的经卷藏于殷家林村一户穆斯林群众家地窖中。后在恢复民族宗教活动后，此圣经又被阿訇请回寺中收藏。经多位专家鉴定，无论书写功底，还是装订纸张，这部《古兰经》都彰显了老一辈阿林（学者）高深的尔林（知识），为后人留下了宝贵的精神财富。党家庄街道办事处拨付专项资金制作了《古兰经》玻璃经罩，对其进行重点保护。

古柏沧桑

在清真寺一进大门前院西北角，生长着一棵高大挺直的古柏树，虽不显粗壮，但已历经沧桑，传说植于明代。

在20世纪60年代古寺大殿前两侧还生长着4棵与建寺同期栽种的古柏树。据健在的老阿訇及乡老讲，每棵古柏都直径约80厘米，高约10米，树枝茂盛开阔掩映整个寺前院落，满院的荫凉又使寺院呈现出极严肃又壮观的景象，再加上寺中阿訇与乡老种植的各种花草，堪称是花园式寺院。

周子陶　绘

党家庄东村

党家庄东村的历史与现状

党家庄东村，曾用名朱官庄（以下简称党东村），为伊斯兰教回族民族村。在明朝初期称朱官庄，为回汉杂居村。后来随党家庄不断扩张，不少回民东迁。与此同时，朱官庄的汉民逐渐迁到附近的汉民村。至明朝中期，朱官庄已基本为回民村，并建立党家庄东清真寺。为避朱元璋讳，改称党家庄东村。

党东村，1948年济南解放时属历城县邵而区公所；1958年称邵而公社党东生产大队；1971年4月，属邵而区党家乡；1987年，属济南市历城区党家庄镇；2000年1月，划归市中区党家庄镇管辖。

该村是全区有名的汽车运输专业村和发展少数民族经济首富村。1993年被评为"济南市文明村"；1999年7月，被山东省政府授予"民族团结进步先进集体"称号。

党东清真寺

党东清真寺是济南地区的清真古寺之一。据毁于"文革"时的建寺碑记载，始建于明朝正德五年（1510）。

洪武三年（1370）济南知府陈修和司农官报告："北方郡县，近城之地，多荒芜。"（《明太祖实录》卷53）济南知府陈修在上奏同时，在济南周遍安置流民，在党家庄附近设置民屯朱官庄，每人给予15亩田地，2亩菜地，并免税3年。

最初因朱官庄回族人口稀少，礼拜需到党家庄清真寺（今党西清真寺）。至明正德初年夏季，主麻因暴雨耽搁未能及时赶到清真寺，进寺门时恰逢当地主麻下殿，朱官庄乡老问阿訇为何不能稍等一会儿，有党西乡老（穆斯林群众）开玩笑说你们自己可以建寺，这样就不必担心不等了。回来后本村回族群众公议决定建寺，为此明朝成化年间迁居本村的法云后人，到济南府寻求明威将军济南卫指挥佥事法显宗帮助。法显宗提出再次按照明初建庄时的政策迁居本村汉族，既每个男子15亩田地，2亩菜地，并免税3年。

村中汉族人不多日即告迁居完成。但村中回族群众不多，无法筹措足够建寺钱粮和材料。法显宗与村中长者去到济南府礼拜寺（今济南清真南大寺）寻求山东都掌教陈玺帮助，陈玺很快在济南西关筹集部分钱粮，并与法显宗一起联络德庄王朱见潾，得到旧藩德王府的部分建筑材料捐助。物资到位后本村百姓出工出力，很快清真寺建成。朱官庄清真寺建成后有礼拜殿3间、南水房3间、讲经堂2间、大门过道1间。

党东清真寺 1

明朝万历年间胡登洲倡导经堂教育被济南府礼拜寺陈思掌教采纳，第一期毕业后派一左姓阿訇到党家庄清真寺做掌教，同时开展经堂教育，党东清真寺作为党西清真寺经堂教育初级培训地。

崇祯十一年（1638）冬，清军亲王多尔衮和贝勒岳托攻打济南，岳托率领部队中甲喇章京阿蓝泰率蒙古兵劫掠济南城南部，由今大涧沟村向西至朱官庄。阿蓝泰行至村东遇一清真寺，入内见礼拜殿门前挂一块蓝底金字蒙体字匾，问清真寺马阿訇：

党东清真寺2

"这是什么地方？村民是什么人？"马阿訇看出他们没有留小辫子，应是蒙古士兵。遂回道："此乃大元忽必烈皇帝陛下下令随地入社的探马赤军屯田之地，名叫党家庄。"阿蓝泰见西边还有一村，问道："那是什么村庄？"马阿訇急中生智，回复道："那里是党家庄西村，这里是党家庄东村。"阿蓝泰听后带兵离开，没有再劫掠党家庄及附近村庄。因不久后明朝灭亡，为防备清军报复，朱官庄这个名字消失，取而代之成为党家庄东村；朱官庄清真寺也随之更名为党东清真寺。

新中国成立以后，党东清真寺聘请的首任阿訇是张登鳌阿訇的学生——泰安韩景信阿訇。

1966—1976年"文革"时期，虽在黄凌斌等村支部干部保护下，没有拆毁清真寺礼拜殿，但寺内经楼、经匣、石碑、木杠，乃至大殿顶脊跑兽等文物，遭破坏而荡然无存，回民宗教活动也停止。

中共十一届三中全会后，恢复清真寺的民族活动场所。1983年党东清真寺重新开放，聘请马庆祥阿訇为教长。同年党东清真寺被历城区政府批准为"区级重点文物保护单位"。

党家庄往事

遛画桥

新中国成立前，在党西清真寺后的津浦铁路与济南府通往泰安城的大道在此交叉，有一铁路桥洞为交通要道。由于常年由大涧沟与分水岭沿吴家庄、邵而庄、魏家庄、枣林村、小屯村到党家庄的一条排水渠（本地人称泉眼沟）在清真寺后的铁路桥洞下流过，每到夏季雨水多时，庄中人下地农耕及来党家庄赶集，与过路的行人路过行走桥下非常不方便。后来，乡公所与铁路部门商议后，在桥北30米处的铁路上修建了跨越铁路的东西辅路，方便行人及车辆通行。

在辅路东侧的两侧，当时村公所种植了几株槐树，每天早上党家庄少则几人多则十几人来树边的辅道旁遛鸟。当时党家庄人干买卖的人众多，地里的农活就到镇虎庙短工市上雇人干，早上也就有时间遛鸟。当时有一顺口溜（党家庄人是遛鸟的，××庄人是耪草的），说明了党家庄人除农耕经商外就有种花、养鸟、去茶馆喝茶聊天等多种休闲爱好。当时人们喂养的鸟儿品种单调，多数是画眉，别的鸟类不多，久而久之村中的人们称此铁路辅道为"遛画桥"。

新中国成立后，国家铁路部门为了火车与行人的安全，20世纪60年代将辅路全部拆除，修建了涵洞供车辆与行人通行，"遛画桥"的辅路从此消失。党西村便在"遛画桥"东路口建造了一尊高6米、宽4米的毛主席伟人像墙，觅艺术高深的画家在伟人墙上绘画了一幅《毛主席去安源》的画像。主席像两侧写着"伟大的领袖毛主席万岁，伟大的中国共产党万岁"的大红标语，当时此主席像在全邵而公社几十个大队中，属于佼佼者。

近几年，党西村在清真寺后修建了供村民健身、休闲、游玩的党西文化广场，在广场四周边种植了各种花草树木，每天早上天刚放亮，众多养鸟爱好者便带着自己的爱鸟来到广场，在遛画桥的原址上观鸟容、赛鸟技。鸟的种类已有十数种之多，有春鸟、画眉、喜鹊、八哥、黄鹂、虎皮鹦鹉，杜鹃、燕子、鸬鹚、鹩哥等众多名鸟。鸟儿在各自笼中叽叽喳喳叫着，各种鸟儿的叫声都婉转响亮，清脆动听，多种鸟儿的鸣声在广场上空回荡。爱鸟人一边晨练一边交流着养鸟心得、驯鸟技巧，迎着朝阳谈笑风生。吃过早饭后，众多中老年人也都来到广场游玩、聊天，一派欣欣向荣的美景呈现在"遛画桥"的原址上。

文娱情

党家庄人积极乐观，建庄以来就有许多民族特色娱乐活动。每年欢度回族三大节日"开斋节、古尔邦节、圣纪节"，每到春节也和全国民众一样喜迎新年。党西的娱乐活动绝活是"龙灯与高跷"。每逢新年过后，正月初三，村中的乡老们就组织龙灯队、高跷队，在本村演完后，再到附近十里八乡的村庄串乡表演。也常常组织龙灯和高跷比赛，党西村的百余人龙灯、高跷队总是载誉而归。每次外出表演，本庄周家包子铺、金家包子铺两家店主派人拉着炉子、锅，备好食材随队伍一路同行，中午时分，现场做蒸包供玩耍者充饥。

虽然生活不易，但乐观豁达的态度使得他们抓住一切机会自娱自乐，去愁生辉。

龙 灯

与一般地方的龙灯对比，党西村舞龙队的龙灯有三大特点：

一是砣大杆长，仅砣就重100多斤。砣是龙的指路灯，砣挥龙舞，砣挥到哪里，龙就舞到哪里。扛砣的由身体魁梧、力大无穷的宛振声、何吉友、何俊仁3人轮换担任，以保砣杆不倒。

二是龙身长，一般的龙身有9节，而党西村的龙身有13节，这样的龙灯飞起来舞姿飘逸洒脱，但舞龙者难度也明显加大。

三是龙头大，仅龙头重量就接近200余斤。宛振生、何吉元、何俊仁都是身高一米八开外的大汉，都自幼习武有着一副强壮的体魄，他们舞得龙头忽高忽低，左右飘忽，带动着整个龙身。

"湾边戏水"是他们的绝活，每年的龙灯开灯巡演，都会在村旁的水湾旁边进行，舞到兴头之处，舞龙头的大汉在湾边水旁跪下，斜着身子将200余斤重的龙头触碰水面带起水花，忽地再从湾中高高飞起，此为龙取水，以求吉庆平安。龙身也依次从水边腾空，龙尾跟随龙身大幅度上下翻飞。每到这时观者都是瞪大双眼惊叫一片，掌声四起。

一般人都知道，龙头难度最大，戏份最足。但一条龙只舞好龙头不行，尚需龙身、龙尾配合呼应，行内人讲"龙头跑一步，尾跑十步远"，龙尾要是跑不动，这条龙就是无精神的龙。

党西村龙灯队精挑细选机灵善跑的宛振水、李恩奎担当龙尾，他们飘逸的跑动与高超的甩尾技巧让整个龙灯活灵活现起来。观者都说："党西村玩的龙灯成了一条活龙了。"

高　跷

新中国成立前后，党西村的高跷队名震十里八乡，当时党西的高跷达到1.8米之高，在各村高跷队中一眼就能被认出来。出场的表演者"老公"是马兆岭，"青蛇"是马书鹏，"青衣"是杨春华，"武松"是法金龙，"丑角"是法丰水，"韩湘子"是法金龙，"白蛇"是党延文，"口技"是能吹多种鸟鸣的马士清，他们都是高跷队的骨干。

高跷队在大鼓手、小鼓手的鼓点指引下踩着超高的高跷，时常做着大跨度的动作，在扮演"嘲笑"者的取笑中，不时撩得观众笑出泪来。

周子陶　绘

党家的山东近代回族武林英豪谱

中华武术、跤术历史悠久，博大精深，流派繁多，源远流长，是中华民族古老文化中璀璨的一部分。回族是尚武的民族。回族人民向来以强健、勇武、团结和不畏强暴著称于世。中国穆斯林受"穆圣在世时传教英风圣行"的影响，备加热爱各种武艺，创造了具有本民族风格的拳械。

济南回族英杰辈出，有"擂台霸主""摔跤大王"之誉。在近代的全国国术国考、全国运动会、华北运动会及省市比赛中，济南回族选手多次夺得了各种荣誉及奖励，获得奖品有银盾、宝剑、牌匾、锦旗、奖状、奖金等。

几百年来，在济南地区尤其是党家这样的回民集居区，广泛流传的谚语很多，有"天下回族是亲戚，天下把式是一家；只要说出教门话，走遍天涯也不差""把式把式，全看架势""夏练三伏，冬练三九""沙家杆子，杨家枪""回族十八肘，宁挨十拳，不挨一肘""一招疾，摔百招迟"等。弹腿门拳械很多即起源于济南西关回族中，"弹腿四只手，人鬼见了都发愁""从南京到北京，弹腿出在教门中"。

在济南回族中广泛流传的主要拳术有十路查拳、十路弹腿及对练、三路滑拳、八极拳、老架拳、黄莺架拳、心意六合拳、太子拳、炮拳、大小洪拳、十趟埋伏锤对练、六路短打对练等，各种徒手拳术、套路四十余种。而在党家，这样的英豪辈出。

查拳大家于万升

于万升（1871—1958），字振声，查拳大家，回族，山东济南历城党家庄人。幼从赛鹤鸿、白致俊学武。后从杨鸿修、张学生研练查拳要旨。兼及太极、形意、八卦等拳术器械。

1919年与马良、杨鸿修、王子平、何玉山、吴志清等人在上海创立"中华武术会"。

1923年在上海西门公共体育场举办的"全国武术运动大会"上，被大会组委会评为"十八位大武术家"之一。

1925年南下，定居南京，应聘于江苏省体育传习所。

1927年，南京中央国术馆创办，被聘为国术教授，并兼任中央大学、金陵大学、东南大学的国术教授。

曾参加第一、二届国考评判工作，1929年杭州擂台赛与李景林表演武当对剑。他是南京地区山东派武术的主要传人之一。

新中国成立后，曾任江苏省第一届政协委员。归真于南京。其后代现均生活在南京市。

马杏田：一代摔跤王

20世纪80年代，人们提起住在南京新街口西北角的马老头，无人不知、无人不晓。他精神矍铄、气度不凡，鹤发童颜、慈眉善目，他就是闻名于大江南北的摔跤王马杏田。马杏田最大的贡献就是为新中国培养了一大批摔跤、柔道的教练、裁判和运动员，传承、发扬了中国回族习武、练武，崇尚武德的优良传统。

摔跤名家马杏田

马杏田（1904—1988），摔跤名家，回族，山东济南历城党家庄人。

《摔跤王传奇》封面（封面人物马杏田）

幼时拜王兆林习查拳、弹腿等拳术。后拜王振山为师，习摔跤、擒拿、散手、对练等。

1929年去南京定居。再向马金镖、于振声、杨宝庆等前辈及师兄弟宛长胜、张孝才、赵新泉等研究、学习拳术、摔跤技艺。在南京和全国比赛中取得好成绩，有"金陵跤王"之称。

新中国成立后，曾调南京体院任教，著有《七十二把擒拿》《一百零八对摔法》《二十四式摔跤练法》等。

马杏田1984年，参加江苏省在南京举办的献艺公演大会，被省体委授予"老拳师"称号。

1983年夏，马老回济南西关曾居住一段时间，笔者有幸聆听老人讲述跤坛逸事。其子女现生活在南京市等地。

习武强身为国争光

马杏田摔跤出名源于1933年在南京举办的全国第五届运动会。据《南京简志》载："清宣统二年（1910），上海基督教青年会发起组织的'全国学校区分队第一次体育同盟会'（简称全国学界运动会）在南京劝业会会场召开。辛亥革命后，全国学界运动会被追认为第一届全国运动会。"

1933年10月，第五届全国运动会在南京中央运动场（今南京体育学院运动场）召开，有全国各省、市33个代表队共2275名男女运动员参加。"在这次运动会上，南京代表队获得各种奖品30余件，涉及的体育项目有国术（武术）拳术、十项全能、田径、游泳、五项全能等……"

当时武术界大权被一帮政客控制，比赛场上徇私舞弊、判罚不公的现象是常见的，生性耿直、不畏权贵的马杏田一向视虚名为粪土，于是他出人意料地以身体不适为托词，放弃了最后的决赛。即使这样，在南京武术界享有盛名的他还是赢得了现场观众的热烈掌声，第二天南京各大报纸仍然登载了马杏田参加摔跤决赛的消息，由此马杏田名声大振。

自民国时期的第五届运动会后，马杏田名声大振，引来了日本、美国、英国、德国、俄国等国大力士的挑战，马杏田都一一战胜了，从此"金陵摔跤王"享誉世界，为国争了光，为民族争了气。

1937年12月南京沦陷，马杏田带全家"跑反"至江北躲避战乱，等到南京平静了一些才返回南京城里。本想回到家中能过上几天与世无争的平静生活，谁知不久让日本武士知道了，强行要与他摔跤比武，在敌人的军刀下比武，显然是一件凶多吉少的事。无奈之下，马杏田向日方提出一个要求，比武地点设在新街口摊贩市场的空地上。这里对马杏田来说太熟悉了，可以预防不测便于撤退。

比武当天，日方果然来了不少武士助阵。挑战的武士身体强健，其攻势凶猛，一记重拳直向马杏田要害处冲来，马杏田闪过他的攻势，让其多次扑空。然而日本武士仍攻势不减，连出重拳。此时马杏田已掌握了他的套路并发现了他脚下不稳的破绽，出其不意一个"大背"将这个日本武士重重摔在地上倒地不起。

在场的马杏田众徒和观众齐声高喊："摔得好！"为防止日本人加害马杏田，其弟子们故意制造混乱掩护马杏田迅速撤出了现场，当晚过江到了新四军活动的区域六合竹镇。马杏田在六合竹镇回民中的声望很高，同时也得到新四军的青睐，他如鱼得水，为新四军抗日做了不少工作。

武坛名将何占元

何占元（1912—1987），武坛名将，回族，山东历城县党家庄人（今济南党西村人）。少年时代随师刘宝庭习武，并得到王兆亭、王兆林等名师指导，精通拳械及摔跤术，尤善扑击。

青年时代曾击败一位外号"双侠"、对中华武林进行挑衅的俄国大力士，何占元从而名声大振。

1933年春，他参加第一届省国术国考获得最优等奖。调省国术馆集训，曾得到王振山指点跤术。同年十月，代表山东参加在南京举行的第二届国术国考擂台赛，获得优等奖，并进入中央国术馆深造。

1935年毕业，分派到黄埔军校任中尉教官。抗战爆发后，随军校迁移大后方，后被回族将领马步芳选中，授少校军衔，任武术教官，兼马步芳的贴身警卫保镖。

新中国成立后，卸甲归田，回到济南党家庄，从事业余武术、摔跤的教练工作，是济南西部地区武术的主要传人，培养造就了一大批武术人才。如：曾任党西村支部书记的金延喜，1983年被评为全国优秀武术辅导员，曾任历城区政协委员、区武协主席等职。

武术名师于吉忠

于吉忠（1912—1998），武术名师，回族，山东历城党家庄人。1921年起先后师从于振声、王兆亭、王兆林、左双臣，习查拳、弹腿、滑拳、炮拳等拳械。

1933年，在济南国术馆第三十一分社学习、任教。

1935年，到南京中央大学随马金镖、于振声深造。

1937年后，在贵州兴仁县中学及桂林成达师范等任武术教师。

1952年，回济南安居。多年从事业余武术教学，先后任教于槐荫区武术队，原济南军区106医院，济南铁路第一小学，济南北大槐树第一、二小学等单位。因成绩突出，1983年被评为全国优秀武术辅导员。

曾任槐荫区政协委员，济南市武术馆高级顾问。其多名学生仍活跃在武坛，传承着技艺。

周子陶　绘

历史遗迹·传说故事

镇虎庙与老虎洞

　　在很久以前党家庄还没有设村，此地树木林立杂草丛生，前后有三户汉族逃荒者来到此地，观地理水源充实，土地肥沃，便在此安家开荒耕耘，一代一代生活下来。现在党东与党西的中心位置是朱姓人居住称朱官庄。南边为苗家庄，在现在供销社的东侧的位置，朱官庄与苗家庄之间是一条大深沟，沟两侧长满了编筐用的柳条叫柳条沟。在朱官庄庄东也有一条大沟，庄中人称东沟，东沟到北侧青牛山下郭家庄的一片水域称之为涝洼。

　　随着时间的推移，来此居住的多达十几户外迁住户，朱姓人家人数已达几十口，在周围开荒几十亩田园，还饲养了牛马为耕种田地所用。话说朱家这匹马儿满身白毛，棕色的马鬃又长又密，名唤"小白龙"。在农闲时朱家主人为了节约喂马的饲料，便牵着小白龙穿过苗家庄庄南的胡树林来到九顶山下遛马吃草。小白龙昂首扬尾在野地百草丛中自由觅食，边吃边跑，犹如一颗流星在草丛中穿行。它四肢强健，力大善跑，在原野上奔驰，跳跃，咆哮。主人听到小白龙那雄浑剽悍的嘶鸣声很开心。时间长了真是老马识途，便由小白龙自己到野外觅食，傍晚马儿自己回家。

　　有一天天色已晚，小白龙还没回家，朱家主人很着急，便到野外找马儿，来到了苗家庄以南的胡树林，只见小白龙满身大汗，一双炯炯有神的眼睛露出恐惧的目光，一对三角形的耳朵高高耸立在脑门上聆听着四周的动静，脖子上方鬃毛带着汗水在动，尾巴顺直有力，随时有一甩对手的准备，主人见状不解其意，便将小白龙牵回家中，给马儿清毛顺鬃，清洗全身。

后来几天主人发现马儿回家时都是满身大汗，主人疑惑，再遛马时便派家人跟随小白龙后面一探究竟。家人远望着小白龙出了门，过了柳条沟，经过苗家庄来到了胡树林南头的九顶山下，在草地奔跑了几圈，扬起马首一声嘶鸣响彻山谷。这时在半山腰的一个天然石洞中蹿出一只吊睛白额花斑老虎，老虎直逼到小白龙的对面。只见此虎雄壮威武，昂着头，张着血盆大嘴吐出一条血红的舌头，舔了舔尖刀般的牙齿，翘了翘钢针似的白胡须，全身抖了两抖，猛地朝小白龙扑来。小白龙立即还击，先是一声嘶鸣，接着抬起前蹄猛踏，后蹄快踹，马尾侧扫三招：一扑二掀三剪。虎与马大战了一个时辰不分胜负。这时老虎大怒，咆哮起来，一个猛扑，两只前爪搭在了马头上，张开虎口朝小白龙颈部咬去，这时小白龙前蹄卧地，将颈上的鬃毛竖了起来，犹如钢针一般刺向老虎的双眼，老虎疼痛难忍，慌忙跳出圈外，趴在草丛中伺机再战。小白龙一副胜利者的表情，在胡树林边吃着青草补充体力以备再战猛虎。

这时正好有一伙马帮商队在此山道经过，驼铃声由远而至，老虎见状便跑回山腰的洞穴中，小白龙也带着胜利王者的表情恣悠悠回到家中。家人跟着小白龙回到家中，将小白龙勇斗猛虎的事给东家叙述了一遍，主人为有这么一匹好骏马为之高兴，当晚又给马儿添加了黑豆、玉米等精料。看着小白龙心想，此马鬃又长又密，跟老虎搏斗时易出汗，但没有注意马鬃是小白龙防身自卫及攻击对手的武器，便拿出剪刀将小白龙颈上的鬃儿给剪掉了，又给马儿洗涮了全身才回房休息。

第二天，小白龙依旧自己遛达到胡树林，一边吃草一边等着与老虎搏斗，朱家主人在家门口喝着茶看着自家狗儿和猫在门口嬉闹，等着小白龙回家。在狗与猫的打斗中发现狗儿对小猫扑咬时，小猫瞪大双眼竖起全身的毛发，狗儿一接近小猫就被猫竖直的毛发扎得无处下口。这时朱家主人醒悟了一件事，我把小白龙的毛鬃剪掉了它是不是斗不过老虎了？等到傍晚还不见小白龙回家，忙叫上家人到胡树林旁去看一看，等众人来到山下，果然发现小白龙已倒在草丛中。小白龙被剪掉了与老虎博斗厮杀的护身武器，已被老虎咬断颈部气绝身亡。朱氏主人见此情景后悔不及，赶忙叫众多家人将小白龙的尸首运回柳条沟旁，挖了个大坑将小白龙埋了，以防老虎将小白龙的尸首吃掉。

后来为防老虎进庄伤人，朱氏人家召集苗家、郭家及周边十几家散户进行连户连保，各家门中都放置刀、枪、叉之类的兵器，一有老虎进入庄里就鸣锣告知，共同驱赶保护家人。

话说某一个夏天的中午，有一位云游的僧人来到朱氏家中化缘讨水解渴，朱氏主人忙请僧人家中入座喝茶。闲谈中僧人问此处有无山贼与土匪，为何家家门中都放置着兵器护家呢，朱氏主人便把九顶山有老虎之事告诉僧人。主人与僧人谈话投机，便问僧人可有破解老虎之术，这僧人是位游走四方的得道高僧，回应可以破解，便与朱、苗、郭三家主人和十几个家丁来到了苗家庄以南的胡树林旁。高僧远望山半腰的老虎洞口，回望郭家庄，发现老虎洞与苗家庄、朱官庄、郭家庄共同在一条天干线，朱官庄是这条线中地理中心，在此位置建上一座"镇虎庙"可以防治虎患。

朱氏等十几户主人共同商议后同意建之，便邀请高僧做监工，师傅立即开始修建镇虎之庙，材料全用优质的石料，一月有余便建成了一座高五尺、宽三尺，坐北朝南，全石质的庙宇。

话说半年之后到了腊月，这几个月期间不知是被庄人诚心所动还是巧合，老虎没在此出现，朱、苗、郭等住户主人商议到老虎洞看看老虎是否还在。众人都带上刀叉来到洞中，发现只有老虎卧榻的痕迹和干燥的粪便，老虎已无踪迹，回家后周边十几户人家全部来到"镇虎庙"前敲锣打鼓、烧香敬庙祈求平安。

元朝末党家庄已形成，多年后进入明朝。各地信仰清真古教的多姓氏穆斯林群众陆续迁移入庄，党西村人数增多，率先建造了清真寺供穆斯林群众礼拜，百年后党东村穆斯林群众也增加了不少，每到夏天雨季，来西寺礼拜时要经过"镇虎庙"西侧的排水大洪沟，非常不方便，党东村穆斯林群众便在党东建了一座清真寺。

由于朱、苗两姓氏人家是汉族生活习惯，宗教信仰与清真教门不同，生活起来不方便，两家商议后便搬出了党家庄，另寻宝地。传说苗姓人家乔迁到党家庄东南五里的魏家庄，朱氏人家下落不详，郭氏人家离党家庄远，没有迁移。但是朱、苗、郭三家带头修建的"镇虎庙"在党家庄村民的精心保护下，几百年来依旧完好无损。到清末时党家庄集市大开贸易昌盛，在"镇虎庙"周边有盐店胡同、周家包子铺、柴火市、短工子市等市面。后来在20世纪60年代承载党家庄历史的"镇虎庙"被拆除。但旧址直到今天仍被全庄村民作为地标性的名字称"石庙子"。

注释一：

在本文开头提到的郭家庄（现小庄位置），到明朝时期郭氏家族兴旺显赫，在村西修建了一座"贞女牌坊"，其规模、样式及雕刻工艺在北方实属罕见。郭家老林的石人、石马、石碑等物件都承载着当时历史文化的底蕴，在20世纪60年代被毁。

注释二：老虎洞又一传说

在很久以前，有一位高僧在此洞修炼，多年后高僧采日月之光，取天地之气后得道。在高僧得道出关时阳光照在九顶莲花山上，高僧得道的洞口（老虎洞）反射出八种色彩艳丽的光环。后被人们称之为九顶莲花山——八宝朝阳洞。

两山夹一河之渴马峪

渴马峪位于党家街道办事处南部，北接济南绕城高速公路南线，东南与历城区搭界，西南与长清区相毗邻，夹于两条东南走向的山脉之间，南北距离10公里，宽平均3公里，区域面积约36平方公里，玉符河穿谷底而过，两山夹一河是该地区地形特点的真实写照。

玉符河是发源于泰山北麓的一条季节性河道，流经历城、长清、市中、槐荫四区，于槐荫区的北店子村汇入黄河。玉符河渴马峪段，河道蜿蜒曲折，长约14.5公里；断面上小下大，宽50—150米不等。由于玉符河上游拥有"三川"（锦绣川、锦阳川、锦屏川）和锦绣川、卧虎山两大水库，以及两侧山峪多为封闭峪沟，山体完整，植被资源丰富，各峪中皆有季节性泉水及溪涧的形成，使玉符河常年有水。河床、河岸常年被河水冲刷，形成许多自然景观。河道内砂石深厚，厚5—10米不等，而且泄漏性很强，人称"九曲十八漏"，是济南市泉群的重要补给区。河水少时，断断续续，时隐时现，实为一大景观。由于年代久远，河床内砾石奇形怪状，时有各种化石被人发现，吸引了众多爱好者来此探寻。

渴马峪地区面积广阔，资源丰富，有大量原生态的林地、湿地及卵石浅滩，是我市周边独有的地貌特征。其中有林地180公顷，现有经济林103公顷，耕地756公顷，森林覆盖率23%。有13座山峰，其中较大的从西向东依次为天井峪、凤凰峪、双宝峪、和家峪、北峪、东山头6个主要山峰（面积约2000公顷），4条峪沟。山峪内曲径通幽，各种奇石、野菜、中草药等随处可见。

渴马峪区域为济南市卧虎山水库灌区，原有南干渠和新西干渠两条水渠，现已基本弃用。地下水深约200米，地表水20米左右，打井取水非常方便。

渴马峪以低矮山体丘陵为主，土层较厚，土壤为褐土。四周山体大部分是花岗岩，石质坚硬；很多地方裸露地表部分多年历经风化、雨水侵蚀，奇形怪状的岩石较多，形成许多自然景观。

渴马崖

在市中区南卧虎山水库的西南方（现在的东渴马村、西渴马村一带），距市区约25公里，山岭连绵，林木翁郁，风景绝佳。

渴马崖下有深潭，水势颇旺。明、清时民间相传，此潭水通济南的趵突泉，在此洒下麦麸，会在趵突泉上涌出。此说还载入方志。其余是附会之说。济南泉水来自泰山山脉下是不错的，但绝不是与某潭某水一窍相通的。不过从相传中可知此潭之深与水势之旺。

在渴马崖之侧，有北宋末年抗金的济南名将关胜墓，也是载在志书上的一处古迹。

渴马崖近处是石因寨山，清乾隆《历城县志》载："石因寨……四面皆险，唯西南一路可入。"南燕慕容德割据青齐时，曾在此屯兵，防御东晋，故山以寨名。

瓢峰

在渴马崖之南。此山较高，每到阴雨天云雾缭绕。清乾隆《历城县志》载："瓢峰，其形似瓢，云自瓢出主雨，云自瓢入主晴。"我们知道，云既不是从山岭而出，也无所谓又回入于山。不过云雾漫漫绕山，似自山出，故雨。云在山头逐渐消逝，由浓而淡，故晴。从旧说可知瓢峰之高，常在云雾间。

明、清时，渴马崖、石崮寨、瓢峰，均为济南城南名胜地。新中国成立后，建卧虎山水库、锦绣川水库，重修柳埠四门塔，公路直达，均成为旅游胜地。而渴马崖、石崮寨、瓢峰为水库所隔，僻处西南，游人鲜少。

东渴的那些树，那些庙，那山洞

东渴马村保存完好的百年小叶朴树　摄影：刘家俊

棒棒树

在东渴马村有一棵大约二百年树龄的古树，村里人称之为"棒棒树"，外形跟榕树相似，村民都认为这是棵"榕树"。

东渴马村的这棵二百多年的小叶朴树的树干紧挨院墙，根部盘错并有"大疙瘩"，虬枝繁茂，树枝上有很多村民挂的红布条。这棵小叶朴树高近12米，胸径0.9米，大约需要两个人合抱才能围起。

古树属于国家二级保护古树名木，编号为B2-0038。原先挂在树上的保护牌不知道什么时候没有了。

小叶朴和榕树的叶子确实非常像。榕树属于热带、亚热带植物，在北方只有极少数。这棵二百余年的小叶朴树干底部虽然也有几个"大疙瘩"，树根盘错，但这与榕树的却不同。

古树附近的井台也有些年岁了，每天早晨都有村民来这里挑水。

大王庙

大王庙位于东渴村东，系清末所建，目的是供奉玉符河河神，祈求平安。整座建筑庭院占地面积600多平方米。现保留门楼一间，南屋四间，东西厢房各三间，均系木石结构，飞檐形式。"文革"期间大殿曾遭到严重

东渴马村保存完好修缮一新的古庙

破坏，传说有两座石狮子被人运走，下落不明。

金矿岭山洞

金矿岭山洞，位于东渴村金矿岭山山脚，系20世纪70年代人工开凿的一条输水农田灌溉山洞，该洞纵贯金矿岭山，长约3公里，至今仍在使用，承担着为济南市南郊供水的任务。该洞洞口建筑带有明显的"文革"时代标志，现存朱振东石刻毛泽东诗词《水调歌头·重上井冈山》，字体隽秀，刻在52块方花岗岩青石上，苍劲有力。青石后面，是当地秀才写的"愚公移山，改造中国"。

渴马崖大刀，关胜魂归于此

由卧虎山水库沿玉符河向西北走十多里，即是渴马崖。如今，当地人称之为梯子崖。不过，附近村庄的名字中，依然能找到东渴马村、西渴马东村和西渴马西村。

让渴马崖声名在外的是济南抗金英雄关胜死后埋葬于此。八百年来，多有文人墨客到此凭吊。清代诗人范垌到渴马崖寻访关将军墓时，曾买到一个刀环，认为可能是关胜遗物。有诗为证："刀环隐约起龙文，渴马崖西访旧坟。四郡云从空跋扈，荒山独表宋将军。"

据济南民间考古学者黄鹏实地探访，关墓遗址在梯子崖上依然可寻，如今外貌是"田地中高出地面的一个土堆"。

关胜战死于济南西门外，为何却葬于城西南30里的渴马崖？

清光绪年间重修的《山东通志·杂志》上认为，马跑泉在历城县南部，玉符河畔的渴马崖。对此，清人范垌根据他的访问，指出渴马崖是关胜的坟墓所在地，"马怒刨地而泉现"的马跑泉是在城西。

从枣林往东，逆玉符河而上，经催马庄、渴马村，到寨而头村下车，关胜坟就位于寨而头村对岸的渴马崖上。

关胜墓

元好问的《济南行记》中提到："爆流泉（趵突泉）在城之西南。泉，泺水源也。山水汇于渴马崖，洑而不流，近城出而为此泉。好事者曾以谷糠验之，信然。往时漫流，才没胫，故泉上涌高三尺许。"可见古人早就已经知道，济南泉水源自南部山区，是南山之水经地下潜流，然后由济南城内喷涌而出。

此时，我突然明白了济南百姓为什么将大刀关胜葬于渴马崖。关胜殉难之所，乃泉水涌出之地，为了让子孙后代记住这位民族英雄，饮水思源，就将关胜葬于泉水之源。

《光绪山东通志》卷三十四"古迹一"记载："济南府历城县，关胜墓在县南渴马崖。"同书卷一百九十九也说："历城马跑泉，乃金兵薄济南时，关胜与兀术大战，一日，至渴马崖，求水不得，马跑地而泉涌出，因名马跑泉。今西门南濠外有马跑泉，泺水环流，是另一泉也。刘豫受金赂，杀关胜，其墓在渴马崖西。"

据说，《水浒传》中的关胜就是以济南守将关胜为原型。容与堂本《水浒传》第一百回交代关胜的结局时说："后来刘豫欲降兀术，关胜执义不从，竟为所害。"这与《金史》《宋史》有关关胜的结局完全一样。

传说，宋朝年间，关胜解甲归田后，隐姓埋名云游四方，不知不觉来到寨而头村，看到此地有山有水，风景优美，随口说："此地真是一块风水宝地，当我百年后，当葬于此。"于是，留下了关胜墓的传说。新中国成立后，有关文物考古部门来此勘查，做了标记。

土屋风情故事录

地母庙

地母，是中国农耕民族在原始宗教中对土地的崇拜而所信仰的大地女神，是大地之母，在人们心目中备觉亲切和崇高，被视为"万物之母，大地母亲"。千百年来，民众为了生存达到丰衣足食、安居乐业之目的，建庙塑像祭祀地母，以求赐福灭灾，给众生带来吉祥康泰。

党家街道南部，沿渴马公路行走四五公里，过了渴马崖，然后往右继

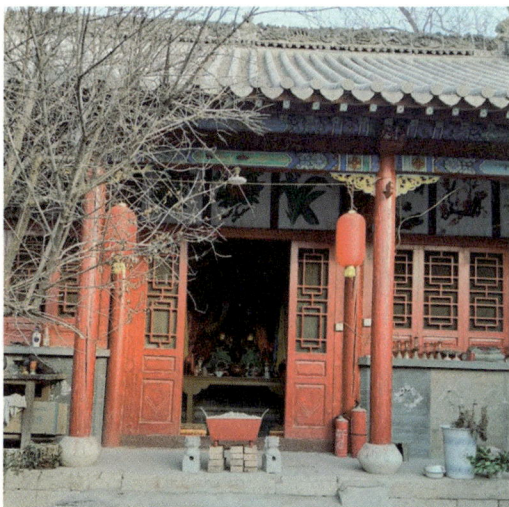

地母庙

续前行，来到一个叫土屋的小村庄。走进小村庄，就会发现一个"人"字形屋架，红砖黑瓦，这便是当地较为有名的"地母庙"了。

现在的地母庙占地400余平方米，尚有主殿三大间，大约70多平方米；东西各三间配房，大约80多平方米；主殿和配房均为石木结构，飞檐形式。走进地母庙，左右两边显得有点空旷，房屋结构简单，但摆上了几张八仙桌，几条长凳板，香客可以在此就座。

主殿内供奉地母至尊，称为宇宙之母，掌管地上所有神明和事物，与天公同尊，故在地母庙上香奉祭时，不是先拜祭天公，而是先向地母上香。大殿正中，横着一个神龛，上面供着一尊女塑像，黑色的又带着点金黄色，真人大小，塑像的面部表情很慈祥。这就是人们顶礼膜拜的"地母"了。

地母庙是因地母所建。相传，有一年玉符河发大水，河水来势凶猛，前所未遇，附近村民非常恐慌。河水退却后，发现不知在何处冲来一地母石像，搁浅在土屋村村北。周边村民诚惶诚恐，以为此事是上天安排，于是在发现地母石像处建造了一座庙，按时供奉，祈求平安、幸福。

相传，地母又称为后土或后土娘娘，是中国古代道教尊神"四御"中的第四位，她是玉皇大帝的妻子。地母是主宰阴阳生育、大地山川的神。在中国的古代社会，历代皇帝都会祭祀地母。中国古代的农耕时代，我们的祖宗一直以农为本，在原始宗教中，祖宗对土地是非常崇拜的，认为土地长出的一切衣食，都是大地女神怀孕生育的。

民国时期，土屋村地母庙曾遭毁坏后重修；"文革"时期曾起火，遭受重创。2005年，济南市有一退休老人在此居住，料理庭院，地母庙慢慢恢复了她旧有的生机。

吴家泉

吴家泉，位于土屋村南部，平地起泉，常年流水，流量颇丰，大时每分钟1立方米，水质甘甜。过去是土屋村村民的主要生活用水，曾经申报济南七十二名泉。

吴家泉

黑峪泉

黑峪泉，位于土屋村南部黑峪山内，近5华里，雨季泉水流量很大，常年不断水。20世纪60年代，村民用石料将该泉砌起，成大口井。现在，进山劳作的村民大多在此取水饮用。

黑峪泉

七圣堂

七圣堂，位于土屋村村南，供奉的正位为观音，旁边有二郎神、土地爷、关老爷等七位圣人。东面有钟楼，内有大钟，为乾隆年间所铸。每逢初一、十五的早晚都会敲钟，村里遇到大事也会以敲钟的形式告诉全村百姓。光绪年间曾经重修七圣堂。"文革"时期钟被炼钢，庙被拆除。

七圣堂

马鞍子山

马鞍子山，位于土屋村村南，两头高，中间凹，形状像马鞍，故名马鞍子山。传说明末年间，闯王李自成退出北京后，经过此地携有大量金银财宝，由于后有追兵，闯王命令手下把大量的财宝藏在马鞍子山。据村里的老人讲，有民谣唱："城西南有个锅锅山，锅锅山下锅锅湾，锅锅湾里有金马、金鸡、金犬，谁要打开锅锅湾，金银财宝堆如山。"锅锅湾就是马鞍子山，随着闯王的失败，没有人能把这里的财宝挖掘出来，只留下一传说。

西望湖

西望湖，在土屋村西南深处，有一片洼地，当地人称湖。湖分三处，又称大望湖、二望湖、三望湖。唐朝时期叫竹连寨，长期以来被一个叫周德温的人占领。唐朝大将李可用奉唐王命令去沙土国搬兵，途经此地，被周德温劫住，一场大战之后，二人互相敬重，结为异姓兄弟，一起去了沙土国，搬来了救兵，解了唐王之围。

打虎顶

土屋村南，有一座山，名叫打虎顶。传说，唐朝有一个大将，名叫李孝存，原籍土屋村人。他母亲年少时与同村村姑一起上山挖野菜，累了，一起在山上一石人旁休息。姐妹们情窦初开，互相嬉闹，说此石人不知在此站立多少年，我们每人扎一花环，看谁能将花环戴到他的头顶，挂在上面。

最后，只有李孝存母亲扎制的花环套在了石人的头上。伙伴们打趣说，看来石人与你有缘分，他就是你的夫婿了。当晚入夜李孝存母亲真的梦见石人与她相会。不久，李孝存母亲就生下了一男孩。男孩长大后，伙伴都说他是野种，没有爹。他哭着回家问母亲，母亲就把原委告诉了他，男孩很高兴，跑到山上见到石人就喊爹。石人不回答，男孩就爬到石人身上，搂着脖子大喊，由于用力过大，将石人的头掰了下来，男孩只好又将石人的头按上，村民于是给这个男孩取名为按颈思。

男孩长得虎背熊腰，天生力大。当时附近山里有猛虎，经常伤人，按颈思决心为民除害，追猛虎到一山顶，将虎打死后投军，改名李孝存，建立功勋。人们为了纪念打虎的按颈思，将此山顶取名为打虎顶。

王厨子顶

土屋村东南有一座山，紧挨着相家村的瓦屋脊山，名曰王厨子顶。传说唐朝时混世魔王程咬金曾在瓦屋脊山驻军，在王厨子顶设立食堂，由于厨子头姓王，此山故而得名。

风门沟石碑

土屋村自古以来就有尊师重教的传统。古时，在山南东相峪有一个姓王的老师，在土屋村教书，来回翻山走山路很不方便。土屋村村民集资义务为王老师在风门沟修了一条专用道路，以方便王老师来往。村民为纪念此事，刻碑留念，至今保留。

西西村里的传说

碧霞祠

碧霞祠，位于西渴马西村（西西村）中心，清朝年间所建，传说是泰山老奶奶的行宫。现存有主殿三间，40多平方米，门楼一座。均为砖石结构，有木头椽子，雕花灰瓦，飞檐斗拱。主殿内由石膏像5个，真人大小，皆为彩绘。庭院内东西各有一棵百年以上的柏树，树干笔直，树冠郁郁葱葱，皆高约10米以上，直径两人合抱。碧霞祠内曾有很多石刻，但在"文革"期间均损失殆尽。

风峪泉

风峪泉，位于西西村西北的半山腰，人工挖一石坑，有汩汩泉水自石缝间漏出，常年不止，雨季水量颇丰。

古槐

古槐在西渴马村北，树高约13.5米，树干胸围3.2米，直干顶折，中朽。4米高处分生5支，均渐朽枯，多生新枝尚盛。冠呈伞状，东西11米，南北11.5米，略偏东。树下有石砌方台、水井及修井碑记，北临玉符河。

铜锣山

铜锣山，位于西西村南，平地高约100余米，山上布满柏树，常年郁郁葱葱，春夏花香鸟鸣，曲径通幽，怪石嶙峋。相传此山藏有两件宝贝，一曰铜鼓，一曰铜锣，当地人皆不知晓。一年，有一人路经此地，发现此山怪异，遂多方探察，终晓其宝。但这人私心很重，不露声色，想独自占有。于是，该人日寐夜出，终日挖掘。皇天不负有心人，终于觅得铜鼓，便欣喜若狂，放松了警惕，走漏了风声，引起了当地人的不满和妒忌。最终在那人觅到铜锣时，当地人适时出现，使铜锣化作一道白光消失在山中。那人只得带着铜鼓悻悻离开，铜锣得以保全在山中。

铜锣山上铜锣石

据说在西西村西南部的铜锣山上，有一块奇异的大石头，由于深埋地下，只露少许，估计重量可达几百吨。此石头有一奇怪的特性，那就是用石块敲打时，该石头可以发出击鼓、打锣的声音，因此，人称铜锣石。当地人推测该石头可能是中空的。20世纪七八十年代该石还存在，吸引很多小孩来此玩耍。近几年，不知什么原因，该石头被人运走，下落不明。

咋呼泉

咋呼泉，在西西村西南部。此处有一条深峪沟，人称风峪。在风峪沟底有一个泉眼，面积约1平方米，泉水经久不息，不干不溢，即使大旱之年，泉眼始终如此。据说此泉泉水来自地下，深不可测。此泉还有一个特点，那就是当人到来时，一高声呼喊，泉水就向外流淌，这就是咋呼泉名称的来历。到底是什么原因，当地人说不明白，这也给咋呼泉蒙上了一层神秘的色彩。

相传古树
和古庙
写生
藏之庚子
季月
画于
棠家子
闲题记

周子陶　绘

催马庄的传说

　　催马庄位于党家庄及枣林、刘家林南，庄人朴实敦厚，多有高寿者。在庄南头的"四清桥"东首，《催马村简介》文化墙记载：相传唐朝黄巢来到渴马崖一带（现在的东渴马村、西渴马村），战马口渴了，发现此处有村庄，并有河道，推测此地有水，下令士兵到村内寻找。但由于正值干旱，水井干枯，未找到水源，于是继续前行。行走约6里之后（现在宅科村一带），发现一片土地长满了茄子，口渴的战士及战马将茄子茄梗一扫而光，引起了种茄老人严重不满。黄巢及其将士便走上前去，说明原因。一方面取得了老人谅解；另一方面也获知再向前走，地形复杂，崎岖难行，于是毅然决定挥师回转。行至现在的催马庄附近，战马徘徊不前，口渴难耐，但还是未有水源。将士便忍着口渴扬鞭催马而去。一直到现在的段店饮马庄周边，方才得水饮马。渴马、催马、宅科（原名茄棵）三地因此而得名。

古道·古井·老宅

　　据村内上年纪的老人回忆：催马庄昔日的南北中心道两端分别是南庙（三官庙）和北庙，其间一里长短的村道最初是土路，后修成2米宽的青石道。

　　在村中心道中部西侧，一口明朝之前的古井得以幸存，且至今供水于全村老少。这口井与柴米店、开山的两口古井同为远近知名的"三大古井"。如今催马古井尚在，只是井边一棵千年古槐被无端毁之，实在令人惋惜！还有古井旁边那座龙王庙的龙王爷石像也不知何时而销声匿迹。

村内零星分布着民国前的老宅、旧院，另有不少的可观之物，包括粗壮的杨树、桐树及掩映于房前屋后的老槐树。这些能让人静下心来的物什，越来越觉珍贵了。再就是被催马村民为之称道的"四清桥"了，这座诞生于20世纪60年代的石桥，更像是架设在村口的一座城楼，巍峨端秀，上下交错立体交通，村民路人便利出入，当为催马庄上乘景观。

催马庄，曾属长清县庚东里，现归党家庄办事处。新中国成立前村里有潘长闲家的锅饼铺、杨富生家的馒头铺、朱洪祥的木匠铺等。

老催马庄人嘴边常挂着的"四宝"为砂石、阳沟、透灵碑和铁板桥。催马庄还有"康、杨、孙、朱"四大姓之说。

催马庄"四清"后分为13个小队，有段时间仲宫公社催马庄大队时期分为9个小队，还曾依照村居过"十字"区域分成过4个大队的时期。

催马村西周墓地遗址

催马庄村西南方，由于京沪高速铁路的修建，得以发现从西周到春秋时期，甚至可追溯至大汶口文化时期的遗存。

催马庄遗址地势为山前高台地，遗址地层较浅，地层堆积共分为两层：第一层主要是耕土；第二层层下为生土。遗迹主要有房址、灰坑、沟和墓葬等，器物以陶器为主，另有石器、骨器、铜器，种类较多。

催马庄遗址挖掘出文物中，可复原的陶器有鬲、盆、罐、豆等，铜器有戈、剑等，石器主要是斧和纺轮，此外还有蚌刀、蚌镰、角锥和鹿角锄。这些具有鲜明原始特征的农耕器物及其后的兵器之物，向生活于现代社会的人们展示着深厚的文化积淀和极其珍贵的历史遗迹，以及悠长历史跨度的诠释。

2008年9月4日，一批西周至春秋时期的文物在党家街道办事处催马村被发掘出土，其中包括多件珍贵的西周时期的生产工具和生活器具。由于考古发掘现场位于催马村的西南角，所以定名为催马遗址。

遗址中有大小灰坑70多个，其中比较重要的是一处属于大汶口文化时期的房屋遗址。但在房屋墙壁的位置有几处深坑，经初步勘测应该是西周时期人为挖掘的，使该房屋遗址遭到了破坏。还有一处比较少见的灶坑遗址，保存十分完整。

遗址中还有11处墓葬遗址，都属于级别较低的单人墓穴。这处遗址虽不算大，但发现多件珍贵的西周时期文物。基本可分为骨器、石器、陶器三大类，最引人注目的是4件鹿角锄，它们表面比较光滑，均呈暗红色，长约40—50厘米，有两三个分杈。

在山东的考古发掘中很少发现鹿角锄，所以非常珍贵。而且4件鹿角锄都有明显的磨损痕迹，说明它们曾经被长期使用过，这对研究当时的农业生产和生活情况具有重要的文物价值。其他的骨器文物还有骨匕、骨锥、角锥、蚌刀等，石器则有石斧、石锛等。

东西南北中：催马村的一口古井四座庙

古井

古井位于催马村中间位置，约建于唐朝时期，深大约53米，是人工凿成的，石头上刻有清朝重修字样。井边尚存有一石槽，长1.2米，宽0.6米，厚0.5米。传说洋人曾经从井下盗走过宝剑。"文化大革命"时，曾经井下搬运上来一块完整的卧牛石，可惜被破坏了，一点痕迹也没有留下。旧时，村里出了很多"壮汉"，据说与常饮此井的水有关。

四庙

北庙：一间房屋，内塑有神像"镇武老爷"。庙内有沙石阳沟、透明碑，皆为黑沙石所制。

南庙：一个四合院，占地3000多平方米。有东西厢房、南天门、大钟楼。大钟楼内有一个大钟，传说供神及防火用。庙内靠北有一大殿，三间屋大小，内塑有神像"三官老爷"。神像后有一神像，塑着观音菩萨坐在莲花盆内，真人大小，惟妙惟肖。大殿内东侧有一神像"唐玄奘"。庙内庭院内有四棵大柏树。

西庙：又叫"关帝庙"，占地约1500多平方米，庙内有塑神像，并有后堂。

东庙：建在东山坡上，庙内有三间东屋，屋内正中塑有"玉皇大帝"神像，屋的南边有龟驮碑。老百姓每年的正月初九给"玉皇大帝"敬拜。

催马村"四庙"历经遭劫，现已损失殆尽，唯有东庙尚有一痕迹。

大王寨边老古槐

古槐位于张庄村中间偏东，栽植于明朝末年，距今已近400余年历史。树高约6米，树干中空，渐趋枯萎，但树冠却冒新牙。树下有一方井，井内常年有水，石砌井台，井上有一辘辘，为旧时村民取水所用。

大王寨位于张庄村北部，平地高约150米，山上有寨门、石眼、城墙、石屋等遗迹。传说周朝曾有弟兄三人在此占山为王，每人占一山头，自南向北，山顶高度依次递减，于是人们称之为大王寨、二王寨、三王寨。大王寨周边山石嶙峋，视野开阔；山头四面山崖峭壁，只有一小路蜿蜒而上，地势险要。

此山是周围附近最高的山峰，当地人对此山顶礼膜拜。有一说法，说鸟在山顶下了蛋，不小心将蛋坠落，蛋落到山脚，鸟蛋里便孵化出了小鸟，以此来说明此山之高。

铁板桥的传说

据说位于张庄村东，与催马村交界处，原来有一座石桥，相传是鲁班所建。此桥非常坚固，尤其是桥面，干净平整，耐压实，就像铁板一样，所以人称铁板桥。当地有一顺口溜："铁板桥，鲁班建，柴王走过碾道沟。"柴王曾经在此路过，由于辎重过多，才将桥上碾了一道沟。平常人推车走了几百年，从来没有出现过痕迹。由于时间的流逝，铁板桥现在已不复存在，只留下一个美丽的传说。

相家村：古树出在八里峪，八里峪里有泉水

在相家村中部开阔处，有两株古树，一棵是槐树，一棵是柏树，虬枝盘旋，皆有200多年的树龄，都被列入了济南市重点保护古树。槐树高5米左右，树干中空，可藏1—2人。30年前，由于小孩玩火，致使树干部分和大部枝干被毁。柏树高约6米，树干直径3米以上，5个成年人方能合拢。树附近有一土地庙，石质小屋，3米多高。

相家村南三面环山，从村南到最南边的羊鼻子山约8华里，当地人称"八里峪"。峪中有一条基本南北走向的土路，名曰通天羊道，原是放牧牛羊所走的道路。该峪东西距离约2000米，两侧山体植被茂密，基本成原生态，拥有荒山面积7000余亩，林木约700多亩。山峪内有5处泉水、10座山岭、6条峪沟、2处石瓮、9座山头。

5处泉水分别是琵琶泉、水仙泉、东峪泉、黑虎泉、咋呼泉，其名称来历已不可考。其中琵琶泉位于亓家大岭下山沟旁，现泉水上边被人工打成水井。水仙泉位于水仙峪的底部。东峪泉位于周家峪口外泄洪沟边。南边有一眼水井。黑虎泉位于趴古岭东南角下的石崖中间。

10岭分别是峪口的长连岭、亓家大岭，向南的小猴子岭、大猴子岭、趴古岭，

相家古树

相家古井

向东的大牛尾巴岭、小牛尾巴岭、大头岭、长岭、中岭，这些山岭的取名大多依山体形象和原拥有人姓氏而得名。

6峪分别是西边自北向南赵家峪、孟家峪、石榴峪；东边自北向南石灰峪、周家峪、水仙峪。

石瓮是该地区山体独特的地貌，周围是天然石体，中间有石槽，底部像瓮，雨季雨水汇集于此，经久不渗，瓮内常年有水。大的一个在石榴峪山顶，方圆50多平方米，石瓮深约0.5米，能盛水5担。另一个在其南部，略小。

9个山头分别是压龙寨、担子肩窝山、瓦屋脊、葫芦寨、奶头山、和尚帽子、羊鼻子、南天门、北楼。

其中压龙寨、担子肩窝山、瓦屋脊较为有特色。

压龙寨山顶较平坦，面积约600平方米，四周有围墙，传说黄巢起义时在此山住过军队。站在山顶东南可观卧虎山水库全景，北面可看渴马片区全貌，向西可欣赏整个八里峪风景。

担子肩窝山有一个美丽的传说，相传在上古时期天将二郎神担挑二山（西北橛山、东南担子肩窝山）追赶太阳来到此地，由于捆绑不紧，山石漏了，挑了几次都挑不起来，因无法担走两山，一气之下，扔下担子，骑马蹬空而去，留下两山和后马蹄印（马蹄印迹清晰逼真，现在周家峪口的路上）。现北山峰多为石橛，名为橛山。由于此处为坠担之处，故名为担子肩窝山。

瓦屋脊山位于八里峪西部，平地高约200米，由于该山脊背突出，像瓦屋的屋脊，故而得名。站到顶峰可观望西南长清104国道，津浦铁路及京沪高速铁路。

葫芦寨、奶头山、和尚帽子、羊鼻子、南天门、北楼都以山体形状而得名。

八里峪在秋后9—10月到处都可见串串鲜红的酸枣，既可观赏，又可随手采摘。

正可谓：古树生在八里峪，八里峪里有泉水。十岭六峪九山头，大王二郎千年垂。

西东村的吕祖庙旁的神仙会

吕洞宾庙位于西渴马东村（西东村）中心，传说由清末本村王志武所建。主殿建筑南北15米，东西7米，砖木结构，飞檐斗拱，颇为气派。现存有吕洞宾画像。

在西东村南面群山中，有八个奇异的山头，山体是石头，山头却是松软的土壤。传说有一年，玉皇大帝在泰山召开众神仙大会，王母娘娘、观音菩萨、太上老君、元始天尊等众神，以及人间八仙：铁拐李、张果老、吕洞宾、蓝采和、何仙姑、韩湘子、汉钟离、曹国舅，也受邀参加大会。神仙大会结束后，八位仙人一行从泰山回蓬莱的路上，路过济南西渴马东村时，从天上看到这儿群山环抱，祥云悠然，瑞光四射，又看到山川锦绣，土地肥沃，山涧流水汇流成河，奇花异草漫山遍野，各类仙果挂满枝头，村涧百鸟飞鸣，真乃人间仙境也。众仙人赞不绝口，一致要求下界观赏。

众仙人用手一指，只见八个山头呈半圆形一字排开，八大仙人一起围山而坐，喝泉水、吃野果、谈经论道。席间张果老提议积极响应神仙大会上玉皇大帝要求，即众神仙大会以后在华夏神州各地多为老百姓做好事、善事，保佑神州万里风调雨顺，年年五谷丰登，百姓安居乐业，和谐共生。张果老仙人的提议得到了众仙人的支持，众仙大发神威，一时间周围山川的百兽闻声纷纷而至，神龙、猛虎、狮、豹等前来朝贺众仙人，吕洞宾大仙告诫百兽不得侵害黎民百姓，然后众仙发威，百兽齐鸣，山呼海啸，霎时间地上地下，泉水齐涌，山动地摇。

相传自那以后，济南七十二泉重获新生，造福百姓，八仙驾云而去蓬莱。人们把八仙围坐的八个山崮称作"八仙岭"，西渴马东村南的"八仙岭"确实与济南别处山头不一样，八座山自下而上全为石头形成，每个山头顶处却都是松软的泥土，相传为八大仙的坐垫。

寨而头风物志异

相传现今寨而头地区最早居住着的是柴姓人家。村东有两个大山头，取名为大柴和二柴。清末年间，社会动荡，土匪横行，村民迫不得已，迁到大柴、二柴山头居住，依靠山势，构筑山寨，抵御外侮。民众称此地为二寨头，久而久之，又变成寨而头。

梯子崖

在寨而头村西南，有一座林木茂密的大山，名叫西头山，玉符河在山北脚潺潺而过。山水交汇处，当地人称南哨。此地上下落差高约60米，是一块自然形成的断崖。断崖层层叠叠，有像楼梯一样的台阶，人称梯子崖。梯子崖周边栽有垂柳、侧柏，四季常青，景色非常好看。

双宝峪

寨而头村村北三华里处有一座山，名曰凤凰岭。凤凰岭被左右两座山环抱其中，远看就像凤凰展翅，似飞似落。

三座山整体上构成了一个山峪，人称双宝峪。一方面该山峪山体林木覆盖，资源丰富。上半部主要是四季常青的柏树，下半部主要是核桃树、桃树、杏树、苹果树、石榴树等。春夏花，秋天果，深处其间，怡然自得，此一宝。另一方面此处还有一美丽的传说，由于此处类似凤凰，俗语说，凤凰不落无宝之地。此处传说拥有宝藏。"金银十八窝，不在前坡在北坡"已广为流传。这就是双宝峪得名的由来。

宅科村的龟湾与金香炉

宅科村的东面，有一水潭，面积10余亩，常年有水，水深约5米，当地人称龟湾。相传很久以前，此湾中有一大龟，常常深夜到附近村民家偷吃做豆腐用的磨糊。村民发现自己的磨糊天天减少，非常奇怪，于是采用蹲守的方式发现了其中秘密，非常恼怒。准备了棍棒，决定惩罚偷吃磨糊的大龟。晚上，大龟如期而至，村民用工具猛击龟头，大龟非常害怕，返回逃跑，村民尾追击打。大龟逃至湾附近不能前进，缩头在此死去。于是人们将此湾命名为龟湾。

宅科村北，玉符河北岸水很深。晴天，人们在此可以看到一个金香炉的影像。据说很久以前，此地水中存有一金色香炉，有一尾金色鲤鱼在此护卫。附近居民纷纷前来打捞，但金色鲤鱼护卫得法，金香炉始终没有被捞出。一天，一南方人来到此处，发现其中奥秘，破解机关，将金色鲤鱼支走，遂将香炉盗走。金色鲤鱼返回后，发现没有了金香炉，非常恼怒，于是一头碰死在北面的大石山。现此地存有两个石洞，传说是金鱼碰撞所致。

小白村的故事

双石子屋

相传汉朝小白村村东有一口旱井，前面紧邻有一处石头屋，当时石头屋前面就是一条驿道，这个石头屋既是供老百姓打水休息，也是供过路人歇脚的地方。有一次县丞体察民情，路过此地，正赶上狂风暴雨大作，进石子屋避雨。这时本村一打水妇女也在里面避雨，看到几个官吏打扮的人跑进来，突然紧张难耐，在那个男女授受不亲、男尊女卑、官本位思想严重的年代，该妇女只能跑出小石屋，任由狂风暴雨裹挟。看到此情此景，县丞十分愧疚，不几日专门安排人在该石头屋的西侧又盖了一间石头屋，取名双石子屋。

三官宫

三官宫

三官大帝是道教尊奉的三位天神，指天官、地官和水官，是历史悠久的中国民间宗教信仰之一。三官大帝掌握了天府、地府、水府间的一切行政事项，是极为崇高的神祇，神格仅次于玉皇大帝，所以民间寺庙常配祀于玉帝殿前，同受敬仰。小白村三官宫始建于明朝。内祀三官大帝，即天官赐福，地官赦罪，水官解厄，为世人崇记。清康熙、光绪年间曾多次修葺。现有两处碑文作证，字迹模糊可见。

刘家林旧闻录

刘家林，位于枣林庄南数里，与蛮子庄隔九顶山（东山）相接，西邻催马。东山山腰间的巴巴洞与其南侧山岭处的圣人墓历史悠久，并具较高文物价值。

龙　灯

新中国成立前，刘家林龙灯玩得远近驰名。王敬廷的龙头、王希海的龙尾、王安廷的珠子那可不是一般人能比得上的。

王兆友是当年刘家林龙灯的组织者，1950年享年82岁的王兆友归真，出殡适逢元旦，村里龙灯队扎灯相送。队有"刘家林不时兴阴历年玩龙灯"并口口相传至今。其侄王希尧、王希武作为晚一辈的龙头、龙尾，其技艺与影响更是非同小可。

武术高手

刘家林早年，不乏习武之人，且多高手：三世祖王起清，曾被称为"王六"师爷。据传他当年曾是山东省府"文武解差"，被称为"八爷"。

昔日，四邻八乡传有刘家林两只虎，王希尧、王希武，可见其威风八面。自"巴巴洞撕票冤案"之后，刘家林村民远离武行，再无武术高手问世。

古槐与西湾

古槐枝繁叶茂，其树干周长接近2米，现已成为刘家林古村落的象征。它旁边是刘家林庄一处老湾，原称"西湾"，是昔日村内孩子游水玩耍的地界。老人们则在树下聊天叙旧。西湾现称白龙湾，是经族长王希好几年前借湾边自家房屋修缮之际，义务出工出料将其垒砌为方池，深有3米，长为20米，宽8米左右，经整修过的白龙湾，遂成村内一景。

罗而庄村的石屋

橛山顶上这样的石屋不下30座，大部分石屋长宽尺寸约3—4米，高不足2米，石门1米多高，勉强可以弯腰进去。

据传唐王寨是唐王李世民率部所建。传说当年还是秦王的李世民率军攻打刘黑闼农民起义军，兵败无奈退到此处，并在此建造了数十间石屋，后人称之为"唐王寨"。

山顶的石屋排列整齐，中间是主路，可以想象到这是留给车马行走的。山寨四面陡峭，有一条用石块修的小路，通往山寨正门，此门只能容一人通过。所以说李世民选择此处驻兵还是很有道理的，进可攻，退可守。

我们从檷山的北侧上山，山坡很缓，很容易就登上山脊，并很快到达檷山最高处。檷山最高处由一组高大的岩石构成，这种山的顶部平展开阔，峰巅周围峭壁如削，峭壁下面坡度由陡到缓，放眼望去，酷似一座座高山城堡，像是戴着平顶的帽子，属于地貌形态中的"桌形山""方形山"，或叫作"方山"，当地人称之为崮。由于常年受风雨侵蚀，岩石表面布满深深的纹理，风骨嶙峋。岁月将巨大的山体切割成一组组大小不一、高低错落、横凸竖出、无序堆砌的石柱，给人一种历尽沧桑而又生命顽强的感觉。

小屯村的前尘往事

据小屯村现存关帝庙重修石碑，为康熙二十五年（1686）重修，依据"中国先有村后有庙"之说法，小屯村成村时间应在明朝万历年间大迁徙期间。据《续修历城县志·地域考二》载："小屯，位于公社驻地西2.5公里，南为老虎洞，北为党西、党东，西邻津浦铁路，东为枣林村。70户，270人，耕地140亩，为小屯大队驻地。"清道光十三年（1833）《长清县志·地舆志》载："东仓耿东'小屯'。"清乾隆年间，杨姓由直隶枣强迁此定居，因地势凹，需用屯土奠基盖屋，住户亦少，故取村名"小屯"。

新中国成立前，村庄多数为简陋的土坯房，居住条件极端简陋。或用石块垒起墙体四柱，中间用土坯或者用草泥填充，上面覆以泥土和以麦秸、稻草为顶。当时，小屯村隶属长清县外八乡，又因与党家庄和枣林相距甚近，土地属于长清县，村民有事在历城县办理，故村民戏称："长清地，历城民。"

新中国成立前，小屯村人少，没有任何商业，只有挑着货郎担子在村里走街串巷叫卖的，村民各种生活需要一般去党家庄或者枣林购买。

改革开放后，市场经济蓬勃发展，小屯村在村南建起40余亩的蔬菜园。20世纪80年代后期，着力发展个体经济，村内出现了一批养殖专业户，村民的生活越来越好。

村庄的形成和变迁

济南刚解放，历城县第十区以小屯村为中心成立魏家乡，分别由小屯村、党家庄、魏家庄村、枣林、小庄五个庄组成。

小屯村从四百多年以前有人定居建村至今，村内村民基本上都是汉族。据村内老人回忆，小屯村最早姓氏为杨姓，小屯村主要有张、杨两个主要姓氏，再就是李姓为较大的姓氏。

20世纪70年代，小屯村在老井以东，挖地瓜窨子挖到三四米深时，曾经挖出过大青砖以及在青砖石上雕刻的佛像，形态逼真，雕工精细。另外，还挖出过各种瓷碗及用品，以及人和动物的骸骨多具。推论：此地曾有居民，后因大水冲毁，淤泥淤积而淹没。

追溯到20世纪三四十年代，小屯村只有几户是石头房，上面覆以青瓦。小屯村北有一条泄洪河，为魏家庄、枣林村以及南面九顶莲花山上流水冲刷出来的河道，这条河道也是小屯村与党家的分界线。

小屯村现在的关帝庙，在村中心位置。新中国成立前后，关帝庙的西边还没有住户，是一片空地，关帝庙不大，完全是石头垒成，香火不断。现在的关帝庙，为2013年重建。

现存关帝庙

关帝庙在小屯村中心街中心位置，路北。整座庙坐北朝南，一间屋大小，占地约4平方米，5层台阶。屋脊上面飞檐翘角，立着一对神兽，龙九子之九螭（chī）吻，又名鸱尾或鸱（chī）吻，位于殿脊两端。在佛经中，螭吻是雨神座下之物，能够灭火，所以把它安在屋脊两头起消灾灭火的作用。门楼斜脊砖雕，是一对鸡头麒麟身的神兽：龙九子之三嘲风，不仅象征着吉祥、美观和威严，而且还具有威慑妖魔、清除灾祸的含义。庙门口立有一块功德碑，为2013年小屯村重修关帝庙时善信之士捐款的名单。

庙内空间不大，正面为一张供桌，关公神像为铜制，约50厘米高，右手持青龙偃月刀，左手手抚须髯，神态威猛、庄严肃穆。关公像外面置一暖阁，桌子上放着香炉、供盘、香等物品。供桌两边的地上，还分别供着两个神像，右下角为一小暖阁，里面供着济公像，很小。左下角供着文财神赵公明像。

关帝庙的西面山墙上，还镶嵌有一块古老的碑刻，为康熙二十五年（1686）《重修关圣帝君庙记》，字迹模糊难认。

土地庙

土地神源于远古人们对土地权属的崇拜。土地能生五谷，是人类的"衣食父母"，因而人们祭祀土地。土地庙作为人们集中祭祀土地神的地方，自然随之兴盛起来。按照汉族的习俗，每个人出生都有"庙王土地"——即所属的土地庙，类似于每个人的籍贯。人去世之后行超度仪式即做道场时都会获取其所属土地庙。

土地庙是民间供奉"土地神"的地方（庙宇），多于民间自发建立的小型建筑，乡村各地均有分布。土地神的神诞之日是二月初二，旧时官府和百姓都到土地庙烧香奉祀。历来有敬奉"土地神"的习俗，村民称"土地神"为"土地公"，称土地庙为土地公庙。

新中国成立前，在村正南方向，有一座石庙，也就是村民口中所说的，小屯的两座石庙之一的小屯村的土地庙。庙体由五整块石板围成，南面的整块石板上雕刻出下部为方形、上部为半圆形的庙门，上面为一整块石板为顶。庙内供奉着土地爷和土地奶奶。此庙后来被毁。

老官井

小屯村的老官井，也称辘轳井。老官井在村中心位置路南一条小巷子里，原来井的东边没有住户，也没有人家，村民吃水基本都是从老官井里提水。后来，为了方便村民打水，安装了一架辘轳。直到1984年，老官井退出历史舞台。但现在，老官井上还保留着当年的辘轳，虽然损坏严重，但看上去还算比较完整。

传统技艺

小屯大厨张炳礼

张炳礼，小屯村无人不知无人不晓的大厨，也是村民记忆中的本村第一个厨师。小屯村红白喜事，都少不了他忙碌的身影。以前，生活条件差，大厨做菜基本都是四冷，四热，四大件（鸡、鱼、肘、肉），条件再好点，或者有在外面混事的，就会外加四个铃铛碗。这些菜，是20世纪80年代农村厨师必会的菜单。张炳礼年纪大了后，就由他的孙子张吉淮接替，成了小屯村的掌勺大厨。张炳礼和张吉淮拿手的菜都是扣肉，也是小屯村比较出名的菜之一。

后来，随着生活质量的提高，周边饭店越开越多，小屯村民有事都去饭店，一是图清净，二是图省心。村内的掌勺大厨退出人们的视线。

小屯石匠张荣泰

张荣泰是小屯村数得着的石匠。新中国成立前，张荣泰由长清县魏家庄搬迁到小屯村定居。村里人盖房子，都用石头做地基，也有富裕点的人家全部用石头垒房体，上面再盖上草泥或者覆盖青瓦，一般都是张荣泰负责打地基垒石头的工作。经他手盖的房子很规矩，方方正正，盖出来的房子格外美观。

那个时代，石匠盖房子，一般会先问师傅是谁，没有师傅是不允许在盖房子时参与垒地基的工作。也有的会在干活时，看到某一个石匠的活儿不太好，就会突然问他的师傅是谁，假如说没有师傅，主人家就会收走他的锤子，不再让他参加盖房的活儿。所以，那时，学石匠要先认师傅，要上香、磕头举行拜师礼，才算是正式开始学习。

在小屯村村民的记忆里，张荣泰的技术高超，几个人砸不开的大石头，他只要围着转转，几下就能让大石头四分五裂，成为拿手绝活。有人说，他会看石头纹路，会看石脉，找准了石脉，用小铁锤也能砸开巨石。但这一手绝活儿，也不是一般石匠可以轻易做到的，得需要丰富的经验和实践。不过，张荣泰只是打条石技术高，没有雕刻等技艺，只会一些简单的雕刻。小屯还有一位石匠，名叫张传贵，他和张荣泰的技术不相上下。

小屯木匠张吉铭

张吉铭是小屯村的老木匠，他师从枣林村有名的老木匠付一祥。张吉铭精通传统木匠工艺中的卯榫工艺，他制作的桌椅板凳虽然没有精细的花纹装饰，但是外表朴实，质量好，非常耐用。除了打家具之外，张吉铭也会打车轱辘和马车的车架子。

张吉铭学成后，去了铁木匠社工作，后来又调到农业机械厂上班。村里有人做棺材、打家具、盖房子、做房梁，一般都会请他。他干活实在，手艺好，深受村民欢迎。

小屯人物

名老中医杨振业

杨振业医术精湛。新中国成立前，杨振业举家迁往上海开办诊所，请于姓为其看护小屯村老宅。1942年，上海迁返人口1100万人，杨振业之子杨连碧携全家从上海回到小屯村，杨振业则一直开办诊所。

民间奇石收藏家李宝元

李宝元是赤脚医生，原为小屯村卫生室负责人。几年前，无意中接触到了泰山奇石，开始对收藏泰山石产生了深厚的兴趣。因为济南南部山区为泰山余脉，自南而北有中山、低山、丘陵，至市区变为山前倾斜平原和黄河冲积平原的交接带，而小屯村西南方向的山为泰山余脉的最后一个山，有人称橛山，山脚下多有泰山石。李宝元利用周日休息时间，骑自行车前去，几乎每次都有收获。

有了精品收获，李宝元的兴趣大涨，在家里做了博古架，买了底座，专门摆放自己捡来的"宝贝"泰山石。

随着收藏品越来越多，精美的泰山石也引起了他夫人的兴趣。每逢周末，两人一起去捡石头，捡到好看的石头，两人一起品评，并为捡到一块精品而兴高采烈。他们把捡石头当成了生活的调节剂，又亲近大自然、陶冶情操，还能锻炼身体，真可谓一举数得。如今，夫妇二人收藏了三百多块精美的泰山奇石。他们的家，成了一个小型的奇石展览馆。

枣林村：一抹永恒的枣林红

历城西南九顶山下，那一抹枣林红，永恒。

九顶山的泉水，经过浅沟深壑，在枣林村西形成了西大湾，曾经滋润着枣林村的那片茂密的枣林。有了人类在此繁衍生息，从此就有了生生不息的力量。今天的枣林不再稠密，但枣林村的名字却永远保留了下来。

明洪武年间（1368—1398）大迁移，从山西洪洞大槐树途经河北枣强来到历城西南九顶山下，此处大片枣树林，故名枣林。据《续修历城县志·地域考二》载："枣林，位于公社驻地西北2公里，东有魏家庄，南邻三王寨，210户，870人，耕地950亩，为枣林大队驻地。"民国十五年（1926），《续修历城县志·地域考二》载："邵二乡仙台三枣林。"建村年代不详。相传，因村里多栽枣树，故取名"枣林"。

旧时的枣林村

新中国成立前，枣林人口不足千人，枣林庄多数为简陋的土坯房，居住条件极端简陋。

枣林村北有一条泄洪河，为魏家庄、邵而村以及南面九顶莲花山上流水冲刷出来的河道，这条河道也是枣林村与党家的分界线。

枣林村西有西大湾，湾边有大柳树多棵，湾边有几块青石板，为枣林村妇女洗衣服所放置，是从村南九顶山流下来的泉水流经之所，湾东建有一石桥，为村民进出村庄所修建。

由石桥向东的中心街道，是一条东西走向的硬土路，是进出枣林村的主要街道，也是枣林村的中心街。

关帝庙东建有一影壁，影壁南为进庄道路，水大时水从路面上流，水小时水从路下流，故村民称"走桥不见桥"。

村中心有一官井，一座凉亭。因老官井在两住户之间，村民称之为"两山夹一井"。

新中国成立前，枣林村有油坊、磨坊、香油铺子、风箱铺，有卖生活用品的，还有几家开药铺的、拉洋片的、挑着货郎担子在村里走街串巷叫卖的。村里各种店铺俱全，能够基本满足村民的生活需要。

改革开放后，市场经济蓬勃发展，枣林村解放思想，打破束缚，抢抓机遇，重汽落户枣林之际，枣林大力发展与重汽配套的加工制造、物流仓储等企业，村民主要是从事机械制造加工、运输、物流，建筑装饰等工作。

如今的枣林村，枣树极少，据说在国民党统治时期遭到大量砍伐。

道路旧貌

官井在村中心位置，早上挑水、卖豆腐的都在井边聚集，一片繁华景象。沿中心街道向东前行，不远的路北，曾经有王家大宅。据说，王家大宅的大门口，正中心位置放着一块方方正正的石板。石板的正中间，用手擦拭几下，便能看到一天然白塔形，白塔大约有十几层，高约十几厘米，飞檐翘角，惟妙惟肖。因为在脚下，很少有人注意，故称之为"走塔不见塔"。

枣林村南九顶莲花山，风景秀丽，景色宜人，在半山腰处有两泉，即石泉子和土泉子。文昌阁遗迹、重修文昌阁碑刻都在此附近。

药铺

新中国成立前，枣林村村民刘景山和李光照各自开药铺。两人也是大夫，村民生病都会找他两人看病。

李光照还是枣林村有名的秀才，作为医生他尽职尽责，村民都很信服他。他一般给病人开药的剂量都不大，因为担心剂量太大病患会吃不消。他的医术高明，远近村镇的村民都愿意请他去看病。

村里还有一位王四先生，也在自己家中开设药铺。他在自己家的大门上开了一个半月形的小窗口，患者从大夫那里开了药方后，到他那里抓药，将药方从这个半月形的窗户递进去，王四先生将药抓好后，再由窗口递出。

除此之外，村民王振绪家有祖传的秘方治疗疮伤，效果灵验。

风箱铺

旧时，农户家都有大锅，起火做饭就必须要用到风箱。新中国成立前，村民李振东就在村中经营风箱铺。

货郎担子

新中国成立前，枣林村就有卖货郎这一行当，卖货郎经常挑着货郎担子在村里走街串巷叫卖，主要出售洋针洋线等小商品。村民孙宝珠和庄志禄都曾做过货郎。

龙灯

1948年济南解放，枣林村民为庆祝解放，组织起龙灯队。龙灯表演一般安排在春节前，枣林村整个龙灯表演包含一系列的表演项目，除了龙灯外，还有秧歌、高跷、划旱船的、舞云彩灯的、敲锣打鼓的以及跟在最后的老卜子、大老爷和挑煽火担子的杂耍表演。

众人跟随领队敲锣打鼓徐徐前行，行到关帝庙前，开始举行龙灯开光仪式。按照规矩，龙灯开舞之前必须要沾水，因此，龙灯队伍集结在关帝庙的大湾前，为龙灯取水，使龙灯"活"起来。

队伍到达之后，众人站定。负责舞龙头的王书训举着龙头跪在石墙上，弯下身子使劲向大湾的水面探，此谓"探海"。这个"探海"的本领也是村民王书训的绝技。龙头掠过水面，也就沾上了水，龙一探海就"活"了起来。龙灯开光后开始表演，龙灯的表演一般会持续到元宵节后。

　　舞龙灯的人过去后是秧歌队，扭秧歌的大部分都是妇女，她们披红挂绿喜气洋洋，扭着秧歌，让人一看就觉得喜庆。后面跟着的就是高跷队，几个高跷能手都换上了不同的戏服，有白蛇、青蛇、许仙，还有很多《西游记》里的人物。村民李书林和王延庆是青蛇和白蛇的主要扮演者。

　　收尾的是划旱船和杂耍，划旱船的角色以民间传说中降魔捉鬼、驱瘟辟邪的神话人物为主，旨在辟邪祈福，祈求平安。杂耍主要是为了逗乐耍宝，因此都是一些喜剧色彩浓厚的人物，有老卜子、大老爷和挑煽火担子的等。

　　改革开放后，枣林村民集中精力发展生产，传统艺术渐渐无人问津，龙灯表演队的人员大多年迈，后辈中又无人承接，龙灯这一传统文化渐渐失传。

戏剧

1966年，枣林村民自己组织了毛泽东思想宣传队，经常表演的曲目包

踩高跷

括革命样板戏以及一些吕剧传统剧目。

枣林村民还将吕剧的经典片段再由村民自己重新写词演唱，戏词的主要内容是颂扬毛主席和共产党。并且，村民还自己编曲、自己填词写了一部名叫《三世仇》的吕剧。除此之外，枣林村民也经常从历城县吕剧院收集一些小型剧本。

枣林村的戏班子主要由本村青年和下乡知青构成，时任妇联主任李玉芳是主要带头人。当时，主要演奏的小吕剧有《都愿意》《三丑会》《贫民血泪》《小放牛》《拾玉镯》《闹房》《喝面叶》《小岛雄鹰》《拥军爱民》《撒大泼》《两垄地》《砸粥缸》《锯大缸》《王定保借当》。

文物古迹

关帝庙

枣林的关帝庙在村西边，为四合院样式，坐北朝南，主殿三间，供奉着关帝、周仓和关平。东廊房两间，庙内曾有一口大钟，挂在庙内东南角，建有石柱结构的钟楼。四根石柱，上面横担一巨木，大钟就悬挂其上。此钟声音极响，远近十里都能听到。1958年，成立人民公社，公社组织人把大钟放下，四周用草绳密密地把大钟捆起来，才砸毁的。

土地庙

枣林的东大湾，曾有一株大杨树，四五个成年人合抱粗细。东大湾北面建有土地庙，土地庙的屋顶为整块石头雕刻而成，依照房屋屋顶的样式，屋脊、挑檐还有滴水檐类似瓦当的形状，非常考究，面积约4平方米。里面供着土地爷、土地奶奶的神像。土地庙在"文革"时期毁掉，庙顶的整块石头埋在路的下面。

文昌阁

由九顶山公墓向上走不多时便是文昌阁遗址，现在碑刻还保留着，为光绪十四年（1888）重修。据枣林的老人们说，文昌阁建立的年代是清朝晚期。整个文昌阁是石头雕刻而成，只余下一堆石头和一片曾经有过建筑的痕迹了。

据说，当时村里人请人看风水，说枣林想出举人很难，唯一的办法是更改现有的风水格局。因为年代久远，已经无法知道真相，但枣林人真的在这个山上修建了文昌阁。按照风水先生的说法，只要建起文昌阁，枣林村很快就会出人才。

后来，枣林村东面的魏家庄村也在南山建了文昌阁，现在仍保留着文昌阁遗迹。只是魏家庄村一直没有出过人才。后来，据一风水先生说，魏家庄村的文昌阁，里面供的文昌星君的笔尖，因为偏了一点，点向了魏家庄村的西邻枣林村，等于枣林村有两个文昌星君庇佑，所以，枣林在清朝时期出过一个县令，一个举人，三个秀才。

刚解放的时候，枣林村村南的文昌阁被拆除了。直到邵而公社组织社员修红旗洞的时候，还有不少青年人到文昌阁背石头，背下山用作修建红旗洞的材料。如今，文昌阁只余了这块石碑、庙顶一角和地基，见证着岁月的变迁。

阎王鼻子

被村民称为"阎王鼻子"的地方，是整个九顶山风景最秀丽的地方，山石突兀，怪石嶙峋。几块突出的岩石，特别像是人的鼻子。周围植被浓密，岩石下多有柴胡、杏叶参等泰山山脉所独有的药材，松树亦是枝繁叶茂。从阎王鼻子向西约有30米，便是枣林村的文昌阁遗址。

观星台

从文昌阁向西行，约有百米，即是观星台。据村民介绍，观星台是一平整的岩石，站在观星台上，白天都能看到星星。此处多年无人到访，酸枣树、荆棵等多刺植物已有一人多高，各种药材遍布，无法通行。

王家老坟

枣林王家曾经出过县令、秀才，家里的宅子也修建得非常考究，前后三进院子，被村民称之为"王家大门"。

据村民说，王家老坟修建得更是独特。王家老坟在村东北方向，一个很大的坟，留着一个可以往里面抬棺椁的入口。墓穴是宫殿式结构，从入口下去有台阶，里面是很大的墓室，中间有走廊，两边分别修建有盛放棺椁的小墓室，有几十个之多。顺序从长至幼，王家有亡故之人，便会依照辈分安放棺椁。

从外面看，王家老坟是一座稍大一点的墓，里面的构造却无从得知。后来，附近有地的村民发现地面会突然塌陷，此事才被大家知晓。

石泉子

枣林村南九顶山上有石泉子，自枣林自然形成村庄时就存在。石泉子地处山腰险峻之处，绿树成荫，位置极其隐蔽。

石泉子不大，一股清澈的泉水自山石下的缝隙流出，流到一处用整块石头修成的小蓄水池里，约有一米见方，因为多年荒弃不用，水池里面落满树枝和杂草，水质变得浑浊。

村民到南山劳作，离家太远，都来这石泉子取水，在山上用石头垒起灶台烧水。20世纪70年代，当时的邵而公社修建提水闸时，每天数百人饮用这石泉子的水，始终是不涨不溢，天旱水不干，雨大水不溢。

涌翠泉

涌翠泉，坐落在九顶山山脚下，原名土泉子，属于季节性喷泉。九顶山陵园建设期间，重修泉口，并树雕龙碑以记之。

过泉子

九顶山第三处泉眼，即过泉子。从文昌阁碑刻中记载，清朝时期，三泉齐涌并交汇。当时的县尊李公，曾下令严禁村民放牧、砍伐等，为当时一乡之胜景。

后来，除了石泉子、涌翠泉（土泉子）有水外，过泉子隐藏在树木浓密的山坡上，已经很少有人找到其踪迹了。

地窖子史话

地窖子，是许多老年人的记忆。中国北方很多农村，几乎家家户户都挖有地窖子，多用于盛放地瓜、白菜、萝卜、胡萝卜等越冬的蔬菜或粮食。也有人家修建半斜坡的地窖子，里面放着精心养殖的名贵花草。

在枣林村民的记忆里，地窖子却是另有用途。新中国刚成立的时候，枣林村东大湾西边是一个大场院，场院的中间有一处石头崖子。石头崖子南北走向，由南至北逐渐低矮，中间部分有一米半高，是村民夏天乘凉、聊天的绝佳去处。

每年秋天，枣林就会在石头崖子的东面，挖一个一间大小的地窖子，3米宽、4米多长，深约2米，入口处修有台阶，安装有门帘，地窖子里面两边有地铺，供村人睡觉。

那个时候，枣林村的民兵连有三四十人，有十杆枪，晚间民兵巡逻的、打更的都会在这地窖子里面待命，巡逻的转一圈正好回到这里休息。因为冬暖夏凉，所以，大白天就成了村民聚集的好地方。

据李国栋老师回忆，他小时候也常常到这里来玩，村里一位老学究，叫李培炎，他会拿着《三国演义》《三侠剑》《说岳全传》在此给大家讲故事，大家会聚精会神地听他一段段地讲，甚至都忘记了回家。

传统技艺

枣林大厨张纪淮

张纪淮，枣林村无人不知无人不晓的大厨，他从十八岁开始掌勺，到现在已有四十多年了，枣林村红白喜事，都少不了他忙碌的身影。

张纪淮的拿手菜是盐卤鸡和烩松肉，也是枣林村有名的菜肴。当时的农村做菜，一般为六盘六、八盘八，再加三大件，算是大席才有的数量。

枣林木匠

付之乡是枣林村有名的木匠，村民的家具、门窗等，多出自他之手。据说，他的手艺好，卯榫结构使做出来的家具、门窗也特别结实。在20世纪60年代，他还有几个徒弟，其中小屯村还有一个徒弟。

拉洋片

新中国成立前，庄致福曾经做过拉洋片的活儿。拉洋片是中国的一种传统民间艺术。表演者通常为1人，使用的道具为四周安装有镜头的木箱，箱内装备数张图片，并使用灯具照明。表演时表演者在箱外拉动拉绳，操作图片卷动。观者通过镜头观察到画面的变化。通常内置的图片是完整的故事或者相关的内容。表演者同时配以演唱，解释图片的内容。拉大片有"琉镜""推片""西湖景""水箱子""大洋船"等表现方式与技巧。

民间收藏家王司柱

枣林村有位老人叫王司柱。王司柱一辈子不吸烟，然而他非常热爱收藏烟盒，每天外出见了烟盒就拾起来，一直坚持50多年了。

在他家里，摞起来的烟盒有近两米高，总数两万多个。王司柱收藏的烟盒种类多，年代跨度大。不少是济南本地的烟，像济南卷烟厂生产的"泉城""金菊""工农兵"牌香烟，现在市面上已经看不到了，也鲜为年轻人所知。

王司柱称，自己收藏烟盒纯粹是个人爱好，与吸烟无关。他说，不少老烟民看到他收藏的烟盒数量如此庞大都很感慨，按照平均十块钱一盒香烟，两万多个烟盒就代表有二十多万元的钱买了香烟。老烟民看了都后悔自己平时抽烟太多，既浪费了钱，又损坏了身体。王司柱说，现在看到烟盒还会收藏，并且一直坚持下去。

堂家玉符河畔

寫生時在庚子冬月
子陶書於玉符河
畔井記

周子陶　绘

第三编

二七新村街道

二七新村街道：炊烟中的阳光故事

记忆中的大街小巷像一株株老树，收藏着人们的欢乐、悲伤和秘密。记忆中的大街小巷好像比现在长，比现在宽，比现在幽深。沿街而居的人家，每一家都在阳光下、烟火中生长着独属于他们自己的故事。

每个人都有自己的故事，只是我们没有告诉别人，别人也许来不及告诉我们。即使听到一些，零零碎碎的，如剪辑的各种电视剧的小视频。这些片段在时间里发酵，或者被赋予神秘斑斓的色彩。于是，大街小巷在记忆里变得更加扑朔迷离。

鲁迅先生曾经说过，世界上本来没有路，走的人多了，也便成了路。不知来路，不知归处。二七新村街道辖区的路是如何走出来的？此刻，让我们走进二七街道的梁家庄大街、陈家庄大街，郎茂山路、英雄山路、建设路、刘长山路……追古探今。

让我们沿着旧路新街，去追寻往昔。那里有生活的烟火气，有着触手可及的暖和冷，记录着普通百姓的悲欢和喜乐，令人难忘。

二七新村街道办事处成立于1979年，辖区位于济南市市中区南部，东起南郊宾馆西路，西至水泥厂路及兴济河中心，南依郎茂山，北与英雄山果园和原济南军区政治部宿舍南墙接壤。南北长2.55公里，东西宽2.4公里，总面积为5.55平方公里。街道办事处原设于陈家庄大街154号，1981年12月迁至七里山南村一区六号楼址。

二七新村街道变迁史

1979年，根据济南市市中区发（1979）31号文件精神，将原英雄山街道办事处所辖的梁家庄、陈家庄、新建王家庄居委会、二七新村等五个居委会以及济南第八机床厂（今济南汽车制造总厂车桥厂）以南企事业单位划为管辖区域。建立基层政权机构——街道办事处，并依辖区居民区二七新村命名为"二七新村街道办事处"，是市中区人民政府的派出机关。

二七新村居民区建立于1952年，归济南市郊六区管辖；1955年归四里村街道办事处管辖；1979年10月划归二七新村街道办事处。

1979年，二七新村街道办事处成立时，由四里村街道办事处（英雄山街道办事处）划归8个居民委员会，后因辖区内居民不断增加，居民区不断扩大，至1985年居民委员会已增加为20个，共有居民小组542个。辖区大小街巷21条。

"二七新村"村名的由来

二七新村于1950年筹建，1951年底竣工，第一期当时只有北边四区，其他都是后来陆续建设的。布局有些类似商埠经纬路设计，横平竖直。客厅、主卧一律为向阳北屋，门前都有砖铺小径，两边是花草树木，屋后是延伸的小厨房，水电齐全。每5排住房中间设一片"乐园"，类似今天的健身小广场，还有公用电话，公厕一般设计在院墙边，街邻之间走动进出颇为方便。

由济南铁路局开发的二七新村，位置在原济南军区装甲兵司令部以南，空军司令部以北，英雄山路以西，建设路以东。这片地方是老济南人头脑中的"二七"大概念，这里面还包括新陈家庄、大小梁家庄、砖瓦窑厂宿舍等。过去，这里是一片沟壑纵横的荒野，狼、獾、狐狸四处乱窜，附近只有一处几十户人家的梁家庄。因为二七新村名气太大，所以人们往往把这一带统称为"二七"。其实，二七新村准确所指是济南铁路局职工宿舍，最早迁入的居民是铁路职工，另一部分是在老济南城墙根下搭窝棚住的穷人。另外，还有从经九路、自由大街南移来的老陈家庄居民。1952年，济南铁路局又建设了二期工程——白马山铁路新村。

为什么取名二七新村呢？这个名称是为了纪念"二七惨案"。1923年2月4日，在共产党领导下，当时京汉铁路总工会组织了"为人权而战，为自由而战"的京汉铁路工人大罢工。2月7日，在英帝国公使的唆使下，反动军阀吴佩孚下令在汉口、郑州、长辛店等地对工人运动进行血腥镇压，这就是震惊中外的京汉铁路"二七惨案"。中华人民共和国成立后，为了纪念这次大罢工中牺牲的烈士们，各地新建的铁路职工宿舍多被命名为"二七新村"。

经历了近70年的风雨沧桑，今天的"新村"已经变得又高又大，唯一没有变的是新村所特有的历史情怀。

陈家庄：坟茔变村庄

陈家庄所在地，原是一片坟茔地，1940年济南市政府修建济南电报电话局宿舍时，将陈家庄（今自由大街址）部分住户迁移至此，命名为西陈家庄。1980年地名普查时，分别命名为陈家庄大街、陈家庄东街。原陈家庄另一小部分居民在梁家庄东北自搭棚子居住，称小陈家庄。1956年小陈家庄被军区占用，居民安置在紧靠梁家庄东北部新建的五排平房内。1978年并入梁家庄。1980年地名普查时并入梁家庄一街。

新建王家庄建于1958年，当时因筹建体育馆和开辟南郊宾馆西路，占用了王家庄部分村民住宅。为安置拆迁户，在梁家庄北部东面空地外修建了十二排平房。迁来67户152人，迁移后隶属关系未变，原农业人口，仍是王家庄生产大队的社员，是该大队的第一生产小队；迁来的非农业人口，归属王家庄居民委员会，归英雄山街道办事处管辖。

梁家庄的历史

辖区梁南、梁北居委会所辖居民区，原是英雄山公社的梁家庄生产大队，该大队原是一个名叫梁家庄的自然村。梁家庄于明朝万历年间已有历

傅海珠 绘

史记载，相传明朝中叶，何、马两家在此定居，以"两家庄"命名，后谐音为"梁家庄"。

据梁家庄老户刘占洪回忆：民国初，庄西水井旁有石碑一座。碑文记载：此井建于明朝万历年（碑文今已坏）。另据清朝顺治六年（1649）重修玄帝庙现存碑文记载：济郡西南梁家庄古有。清乾隆三十六年（1771）《历城县志》载："西关南保三领街庄七……曰良家庄。"《续历城县志》（1924）亦载有梁家庄。

梁家庄为济南市第八区第十坊，新中国成立后于1951年划为直属乡，乡公所驻在梁家庄（今梁家庄二街历城县十六里河镇卫生院住院部）。

1951年4月17日，济南市人民政府公告撤销直属乡，建立区政府，划为济南市郊六区，1955年又划为直属乡，1957年因为历城县划归济南市，济南市郊区都划归历城县，因此梁家庄又归属历城县南郊区。

1960年4月，划归济南市市中区；1961年，又划回历城县南郊区；1963年，归历城县英雄山公社管辖；1978年10月，又划归济南市市中区英雄山街道办事处。1979年10月，划归二七新村街道办事处。1980年，地名普查时，为管理方便，将该庄分别命名为梁家庄一街、二街、三街、四街、五街、梁家庄大街、北街七条街。

梁家庄：庙宇三座，古井四口

梁家庄历史悠久，明清朝代建有庙宇三座，古井四口。关帝庙建在庄内大街上，大殿建筑肃穆，雕刻精细，内有关公、关平、周仓等泥塑像。1962年兴建历城县南郊医院时拆除。

庄西北首有真武庙，也称玄帝庙，面积一亩多地，比关帝庙大，为四合院，有大殿三间。建筑雄伟，前出厦朱红漆大木柱，花楞木窗，朱红大门。梁上绘有龙凤图案，屋脊屋山泥狗龙头。殿内供有披头散发两米多高的真武泥像，墙壁上绘有真武的各种图像。院中立有石碑五六座，近一米粗的柏树四五棵。1950年土改时，分给无房的贫、雇农居住。

梁家庄最大的庙宇是三元宫，俗称三官庙。建于庄南首无影山顶（今已为平地）。面积三亩多，分内外两个大院。内院有大殿三间，建筑雄伟与真武庙相似。大殿正中设有两米多高的天官、地官、水官三个泥塑神像。墙壁上绘有三官出世图。外院东南面是钟楼和道士的坟墓三座、丘子坟一座。院内有近一米粗的松柏树、槐树、百日红等花木。民国二十五年（1936）五月改建成村办小学。1939年拆建成梁家庄小学。

古井四口都有石碑记载，据碑文记载此井建于明朝万历年间。1980年地名普查时发现在古井壁石上刻有"明朝"字迹，其余字迹模糊不清。井壁都是碎石垒成。最深的是东井，约40余米。1980年四古井被封存不再使用。

三官庙内的佛龛

梁家庄南首无影山顶上三元宫俗称三官庙，现为梁家庄小学。庙内大殿前东厢房里有一木质雕刻的佛龛，里面供奉着刘少安的牌位。相传刘少安曾在南山打死过猛虎，死后无后人，常以托梦的形式向三官庙主持张道士求立位。张道士便向本族刘家人说，刘少安夜夜托梦说无处落座，故在庙的东屋内设立佛龛和刘少安的牌位一处，直到该庙设立学校时才废除。

又据90岁的老人何岱云说，听说刘少安夜拜北斗数年不间断，说已久拜成仙。此处说拜北斗，即每到半夜三更朝北斗星跪拜。究竟如何已无人详述。

秋风起函谷，劲气动河山

唐朝大文学家刘禹锡在《陋室铭》中写道：山不在高，有仙则名。水不在深，有龙则灵。斯是陋室，惟吾德馨。苔痕上阶绿，草色入帘青。谈笑有鸿儒，往来无白丁。可以调素琴，阅金经。

这是二七新村的山、水和人的灵气与高洁。

一座城市有山有水，才有了灵气，有了味道，有了深浅色，成了永不凋零的画卷。二七新村街道办事处辖区的山和水，为辖区增添了无限风光和灵性。

郎茂山：习称"狼窝山"

郎茂山在辖区南部，面积为1.35平方公里，主峰海拔234.3米，该山部分栽植柏树，建有军事设施，郎茂山俗称"南山"。过去树木杂草丛生，峪沟中曾有野狼居住，约在民国十四年（1925），群众习称"狼窝山"。《济南大观》1932年记载"狼毛山在济南七里大佛山之北"（注：《济南大观》载狼毛山）。后谐音郎茂山，沿用至今。

七里山：草木秋死，松柏独存

七里山位于辖区东部，面积为0.33平方公里，海拔142米，遍山栽植柏树。从高空俯瞰，七里山一片碧绿。七里山是济南市英雄山风景区中最南边的一部分，它接续四里山、五里山、六里山往南延伸，因距离过去的历城县衙门七里地而得名。

兴济河

兴济河又名柳塘河，位于辖区西南部，发源于兴隆山东北峪沟一带，故名兴济河。该河绵延22公里，河宽32—35米，深4米，是一条自然形成的排泄山洪的季节性河流。每年7、8、9月为流水期，是济南市最大的排泄河道。在流淌的岁月中，兴济河经历了从"清"到"黑"再复"清"的起落，在城市品质提升过程中，这条河也再次绽放清丽的姿态。

美到不知来路不知归处

人生如归途。有没有那么一条路，是你每天的必经路？有没有那么一种风景，让你相看两不厌？不管是清晨雨露、夜色阑珊、霓虹点点、繁花似锦，抑或是绿树成荫。

这里美到让人日日起居，却仿佛一段美梦，让人不想知来路，亦不想知归处。

一座城市，一个地名，都有着属于她的意义。有时，走进一条街，走过一条路，或许都有一段历史的回顾。

英雄山路：济南最英气的路

济南有这样一条"神奇"的马路，不仅是济南中部连接南部山区的大"动脉"，而且在这条马路上老济南居民区、风景区、商业区，一应具备。只有生活在英雄山路上，才懂得什么是在济南生活的意义。在这里，"新"与"旧"，碰撞出别样的味道。

英雄山路原是市区通往仲宫、柳埠的一条土路。日伪时期开辟南商埠从经七路至四里山西，仅修成13米宽的碎石路面，命名为"新民大路"，国民党时期改称"纬二路"。1948年《全市街道展宽表》载有"纬二路"。新中国成立后，仍称"纬二路"。

1980年地名普查时，因此路的经十路以南位于英雄山下，故改名为"英雄山路"，并向南延伸至十六里河桥。1982年，经十路至二七新村南路一段扩建成50米宽的沥青路面和花砖人行道。

建设路：前身梁家庄路

建设路原是梁家庄西端的一条土路，俗称梁家庄路。1964年，此路拓建成沥青路面。因该地具有生产建筑材料较为集中的特点，故名建设路。车桥厂以北归四里村街道办事处管辖。

建设路105号院原貌

建设路105号口袋公园

郎茂山路：因山得名

郎茂山路，是济南市中心城区南北向主干道，南起二环南路，北至兴澜路。

郎茂山路原是一条土路，1978年建成沥青路面，未命名。1980年整顿换制街门牌时，因此路东靠郎茂山，故命名"郎茂山路"。

二七新村南路：因村得名

二七新村南路，原是农田和坟地，1950年济南铁路局修建二七新村时，为交通运输方便建成一条土路，1984年全部铺成沥青路面。因此路位于空军部队门前，群众曾习称"空军路"。

1980年地名普查时，因处于二七新村南端，故名二七新村南路。当时二七新村南路西段尚未完全建成，1984年办事处采取专业队伍与群众相结合，民办公助集资联建办法，将二七新村南路西段整修打通，完成七千平方米的施工任务。

地毯厂路：刘长山路的前身

刘长山路，原是从梁家庄通往王官庄的一条土路，1966年从建设路至济南地毯厂整修拓建而成沥青路面，群众习称"地毯厂路"。1980年地名普查时因位于刘长山而得名。

刘长山路（前）　　　　　　　　刘长山路（后）

刘长山路（前）

刘长山路（后）

旧时的大街

记忆中的大街犹如一个个漩涡，一层又一层，一圈又一圈，一轮又一轮。人亲街也亲，住在一条街上的人，都亲如一家人。

墨西哥诗人帕斯曾经写过一首《大街》的诗。

这是一条长长的寂静的街道。

我在黑暗中行走，跌跤，

爬起来，踏着干枯的落叶和沉默的石子，

深一脚，浅一脚。

……

是的，每个人的记忆当中都曾经有过熟悉的街道，或宽或窄，或长或短，或幽深或清浅。天天走，月月走，年年走，走了一年又一年。即使人离开了，大街上熟悉的味道，熟悉的人影，熟悉的建筑，却已经走进了心里，一刻也不曾离开。

一个庄七条街

梁家庄大街原为土路，位于辖区北部，南北贯通梁家庄一、二、三、四、五街。抗日战争胜利后，庄内居民拆除了日伪时期庄西赛马场的看台石板，修建成石板路。1981年改为沥青路面。1980年地名普查时为管理方便，将该庄中部命名为梁家庄大街，其他为梁家庄北街，梁家庄一、二、三、四、五街，都是1980年地名普查时，为管理方便而命名。1984年梁家庄大街贯通二七新村一、二区之间直达英雄山路。

梁家庄大街拆前

梁家庄大街拆中

梁家庄大街拆后

陈家庄大街

　　陈家庄大街，原是西陈家庄的一条街道。1980年地名普查时，为管理方便将该庄西部分命名为陈家庄大街，由原济南军区空军机关资助，修建成沥青路面。东半部分命名为陈家庄东街，仍为碎石路面。

　　梁家庄、陈家庄各街巷共约13,000平方米。原都是土路，建办后逐年修建至1984年才全部整修成沥青路面，结束了土街土巷的历史。

傅海珠　绘

二七精英：把每一件小事都做到完美就是责任和担当

我们不应该虚度一生，而我已经做了我能做的事。

如果一个人有了责任心，有了对生命的敬畏感，那么他会努力把每一件事做得完美。

李永江：一位老兵的人生传奇

家有一老如有一宝，听到这句话很多年后，才真正理解了这句话。一条街巷，一个社区，老人也是宝，他们是这片大家庭的宝。他们的故事，流淌着历史的沧桑，时空的变迁，也蕴含着做人的大道。

在街巷，在社区，在一座城市，退休老人都是一道不可或缺的风景，他们是一束光，一股暖流，在人间烟火里蒸腾、生发、蔓延。他们身上的故事，是街巷里弄最具味道的传奇。

今天，我们走近二七新村街道梁南社区书画爱好者协会会长李永江。我们闻着墨香而来，却意外地收获了一位老兵的传奇人生。

年轻的记忆里只有一个字"饿"

出生于1941年的李永江是青岛即墨人，小时候家里比较贫苦，吃了上

李永江组织的"梁南社区书画爱好者协会迎国庆暨王欣国画剪纸艺术展"开幕

顿没下顿是常有的事。穷人家的孩子早当家，贫苦生活锤炼了李永江吃苦耐劳的品格。为了减轻家里的负担，十几岁的他和村里几个青年一起到周边村子里找活干。

"那时候很简单，给人家干一天活，不收钱，只要管饭就行。"回忆起年少时艰苦的生活，李永江笑着说。

在外面干了半年活后，一天家里托人捎口信来说要征兵了，抱着试试看的态度，李永江回到老家报名参军。没想到经过一关关考核，竟然通过了，李永江来到北京成了空军八一表演大队的一名地勤兵。

"我们那一批兵是周总理得知即墨闹饥荒后特批的，我记得很清楚，当时周总理的指示上说要'救出一批青年来'。"李永江说。

他说，1959年到1961年，三年困难时期，即墨县是山东受灾最严重的县之一。没有粮食吃，就吃树叶、啃树皮。柳树、槐树、杨树叶都被吃光了，后来吃臭椿叶。树叶放到热水里一焯，用盆扣着捂一捂，吃的时候用水一浸，搓成团就吃。

因为营养不良，很多老百姓都得了浮肿病。全身浮肿得厉害的，被接到公社吃几天小白菜，浮肿减轻了再回家。

22 年空军生涯

他说，他们那一批一共出来五六百人。身体好没大毛病的被接出去，先让年轻人吃饱饭。当了兵就能吃饱饭，吃玉米饼、高粱饼。他说，从吃树叶，吃不饱到有饼吃，吃得饱，幸福指数倍增。

新兵集训一个月后，又经过文化摸底考试，没上过一天学的人，站岗、放哨、打扫卫生，干后勤工作。有文化的学技术，学维修飞机。那个年代三分之二以上的人都是文盲。他说，他小学未毕业，矬子里拔将军，还算是有文化的，被分配去学习技术。学了半年物理、化学、空气动力、机械学。

半年后，李永江被分配到师部的飞机修理厂。此后，他从一名普通的修理兵，干到机械师、队长，一直干到指导员。

再后来，李永江又被调到飞行大队当政委。从管飞机到管人，保证飞行员的思想、政治、心理不出问题，以确保飞行安全。

飞行员的家庭状况、思想状况都要摸得清清楚楚。出现问题，能否自己解决，自己化解。飞行员的信件，通讯员第一时间先交给政委，政委先行知道谁来的信，再交到飞行员手里。飞行员看信后，政委还要时刻观察他们的情绪。飞行员有任何情绪波动，政委都要掌握，及时做思想工作。

看完信，高兴，没问题。看完信，脸黑了，就意味着信里有事，政委马上找飞行员谈话，做思想工作。能解决的帮助他们解决，解决不了的就向上级汇报，寻求组织帮助。

李永江在部队一干就是22年，于1982年转业。

20 世纪 80 年代的检察院

1982年，李永江转业后进入检察院。他说，现在检察院是机关单位，大家都觉得好。但是，20世纪70年代，检察院、法院处于瘫痪状态，只留公安维持秩序，并不是香饽饽。

李永江转业的时候，恰逢国家充实公检法，要求部队转业干部一半以上去公检法。那时，却很少有人报名，都愿意去企业、商业、粮食、物资部门。

部队为完成任务，实行指定分配，大会公布确定名额后不允许更改。那年，李永江被部队分配到检察院。第二天就开始集训，学习法律，一学半年，一干8年。

他说，那时候主要搞经济案件，经常加班加点，不分昼夜地干。他是第一批抓经济案件的科长，当时没经验，法律也不健全，只好边干边摸索。

坦白从宽，抗拒从严。把嫌疑人关在一个屋子里，给他纸和笔，让他写交代。有的能闷两三天，一句话不说，一个字不写。

他说，那些经济案犯西装革履进来，灰头土脸出去，精神状态一落千丈。人就是一个精神劲儿，精神支柱一旦倒塌，人也就垮了。

他说，那时候他就告诫自己，人千万别犯罪，千万别出大事。一个人贪得越多，倒下去摔得越重。那些贪官，贪得了巨额财产，却保不了身家性命，没有一个不后悔的。

人，就是这样一种动物，糊里糊涂地以为钱和身外之外最重要。岂不知人的精神，人的思想，人的灵魂才是支撑一个人光明正大地生活在这个世界上最最重要的东西，而绝非钱财。

李永江通过办别人的案子，吸取教训，告诫自己谨言慎行，不贪国家一分一厘，不收百姓一分一毫。

他说，社会在发展，历史在变化。任何的行业都有波浪式的发展，今天你行，明天他行，这是规律。我们看问题的眼光，也要变化地去看，而不能拘泥于一个时间节点上。无论贫穷还是富贵，对国家，对人民都要有感恩之心。

丹青溢彩谱人生

50岁时，李永江被调到济南市市中区人大法制处当处长，一直干到退休。他80岁时成了梁南社区书画爱好者协会会长。

李永江爱好广泛，空竹、书法、绘画无一不精。他所作的宣纸烙画和毛笔书法作品多次参加省市级、国家级比赛展览并屡获大奖。

退休之后大多数老人会自发地颐养天年、安享生活，但李永江却选择了发挥自己的微热奉献社会，并成功带动了身边的有心人，共同为社区发展出谋献策。在基层志愿服务期间，他凭借自己高超的专业水准，持之以恒的做事态度，被评为"全国基层文艺志愿者"；在他的引领影响下，他的家也入选"山东省明星家庭"。

2009年，在他组织倡导下，济南市市中区二七新村街道梁南社区组织成立了全市第一家社区书画协会，很难想象，原本由七八位花甲老人成立起来的书画爱好者协会，竟在10年的时间中，发展成为200多人参与的书画活动组织。

济南市第一家社区书画协会、济南市第一个社区文联、济南第一个社区文化交流基地……

一项项荣誉印证着他们的努力与付出。但其实，故事的开始很简单。

2009年，二七新村街道梁南社区综合党委书记、主任王海霞对李永江等退休老人道出梁南社区的难点——社区中有不少书画爱好者，但是没有人把他们组织到一起。就这样，李永江站了出来。

社区书画协会的成立，为老年人提供了一个"老有所学、老有所乐、老有所教、老有所为"，展自己所长，为共建和谐社区发光发热的平台。

红叶依秋风，向晚色愈浓

李永江还被社区的大朋友、小朋友们亲切地称之为"雷锋爷爷"。他作为书画爱好者协会会长，十年来一直带领协会会员们义务为社区的孩子们教授书法，他们不仅是免费教学，还和梁南社区一起定期为孩子们买笔买纸，花钱给孩子买小礼物当奖品。

　　他注重培养孩子们对书画的兴趣，在学习驿站开设了硬笔书法、毛笔、国画等课程，由浅入深，从培养兴趣到书画鉴赏，一步步引领孩子们进入书画的殿堂。每年坚持暑期班、少儿书画班，使传统文化后继有人。

　　艺术之路的提高，离不开一批"银发"志愿者的努力。81岁的时玉岭和李永江是梁南社区书画爱好者协会（以下简称"书画协会"）的组织者。成立10年来，这支"银发"队伍时刻践行着雷锋精神，服务于平民百姓，活跃着社区文化，在笔墨丹青间书写着最美夕阳红。

　　秋去冬来，翰墨飘香。2009年1月，书画协会成立后，多次在英雄山广场、赤霞广场举行"笔墨书反腐、丹青画倡廉"、社区"和谐颂"、"祖国在我心中"等书画展览。每逢春节，书画协会的学员们还在社区现场泼墨挥毫，赠画于民，向社区送文化、送文明。李永江说："我们不仅举办过50多次大型书画展，还举办过20次个人画展，圆了不少老同志的'书画梦'。"

　　红叶依秋风，向晚色愈浓。这些活跃在社区的"银发活雷锋"的脚步虽已不那么铿锵有声，但却踏实有力、和煦温馨。

李永江给孩子们教授书画技艺

"把亏欠老伴的都补回来"

他说，因为自己长年在北京当兵，直到41岁才回到济南和爱人以及两个孩子团聚，所以倍加珍惜和家人在一起的时光，总是想办法多为家里做一些力所能及的事，分担老伴儿肩上的担子。

"老伴儿年轻时一个人在济南拉扯两个孩子不容易，咱回来了理应多干些家务活，这些年来家里的饭也都是我做，也算是对她的一种弥补吧。"李永江说。

他说，老伴是经战友介绍认识的，人非常乐观开朗。自己当兵在外一年才能回家探亲一次，家里里里外外都是老伴一个人张罗，任劳任怨。

"夫妻间就得互相理解体谅，互相谦让，这样才能把日子过好，我老伴其实也是个特别热心的人，退了休之后也不闲着，组织了一个'金鹤舞老年舞蹈队'，直到去年还担任舞蹈队队长来着，每次他们出去表演我都负责拍照、录像，支持她。"

味觉江湖的不老传说

颜景祥：国宝级鲁菜泰斗　商务部"中华名厨"

饮食江湖，纷争不断，只为那至尊的江湖地位。曾经的江湖老大——鲁菜，在其他菜系冲击下，起起伏伏，兴衰不定。几十年来，鲁菜的城头上却始终站着一位勇士，或守或攻，从未退缩。他就是鲁菜泰斗颜景祥，18岁入江湖，刀起刀落50余载，留下一个个传说，而且传说仍在继续……

颜景祥，男，汉族，1938年出生，山东济南人。1956年起从事烹饪工作，国宝级烹饪大师，鲁菜泰斗。商务部授予他"中华名厨"荣誉称号，他也是国家高级烹饪技师、餐饮业国家级评委、国家技能鉴定裁判员、全国优秀厨师……现任济南景祥大酒店董事长。

在全国众多名师竞赛中，颜景祥被评为全国十大优秀厨师之一，获得了全国优秀厨师的光荣称号，并受到党和国家领导人的接见。

他精通鲁菜，博众家之长，勇于创新。代表菜品有荷花鱼翅、众芙蓉黄管、奶汤八宝鸡，油爆双花、滑炒里脊丝、翡翠麒麟鲍、牡丹干贝、拔丝苹果、清汤布袋鸡，三套鸭、挂霜丸子等上百种鲁菜精品。拿手绝技有绸布切肉丝、整鸡出骨、整鱼出骨、手抓春卷皮等。

颜景祥

初涉餐饮　拜师泰斗

颜景祥出生在济南一个普通的家庭，家里开着小饭馆，用来维持生计。颜景祥每天放学后，总会来到小饭馆帮父母做活。说起来，这也是颜景祥最早接触餐饮。

1956年，高中毕业，济南市饮食服务公司开始招收学员，他报了名，顺利进入当时极为红火的鲁菜金字招牌"燕喜堂"饭庄，成为一名学徒，从此正式踏入饮食行业。推煤、掏灰、洗菜、剥蒜皮、刮鱼鳞……抽空还得给客人端茶送水。每天面对琐碎而繁杂的事务，颜景祥不服输的性格，让他把每一项工作都做得很好。

进入燕喜堂的第二年，颜景祥拜当时燕喜堂的招牌师父、有鲁菜"四大名旦"之称的梁继详为师。由于他勤奋好学，尊敬师长，进步很快，颇受师父宠爱，厨艺提升很快。1960年，他在几个学徒中率先结束了学徒身份，并在这一年举办的全省商业技术比赛中荣获刀工、烹调两项第一名。

后来，他又得到名师王玉明、李明珠等大师的真传。他先后在济南燕喜堂、汇泉楼饭店、孔膳堂担任主厨，曾担任济南市饮食公司技术总监。

孝字为先得秘籍

武侠故事中，有情有义的主人公总会得到意想不到的回报，或是被老前辈传授绝技，或是无意中获得武林秘籍。这样的故事，真真切切地发生在颜景祥身上。

做菜先做人。从小就沉浸在孔孟之道中的颜景祥，对任何人都谦逊有礼，谁遇到困难，都会尽力去帮忙。对于自己的师父，他更是视如自己父亲那般去尊敬、孝顺。

1962年，梁师父哮喘病复发，一病就是大半年。由于梁师父没有子女，只和老伴生活在一起，这让颜景祥很不放心。只要有时间，他都会去看望照顾师父。

那段日子，师徒二人的感情进一步加深。收了这么一个有情有义的徒弟，老人很欣慰。

有一天，病了很久的梁师父给了颜景祥一包东西。老人说，这是他最值钱的东西，一定要帮他守好、用好。梁师父留给他的是一些珍贵的鲁菜菜谱，里面好多菜在市面上已见不到，濒临失传。

梁师父最终没有熬过那一年，颜景祥披麻戴孝送了师父最后一程。

此后，梁师父的嘱托始终萦绕在他的脑海中，片刻不敢懈怠。

鲁菜振兴　暗流涌动

颜景祥从参加工作进入燕喜堂，一直在那里工作了20年，后来又到另一家鲁菜老字号"汇泉楼"工作了10年。

在这30年里，他的厨艺越来越高：1978 年获得山东第一届烹饪大赛第一名，1983 年在北京人民大会堂举行的首届全国烹饪技术表彰鉴定会上荣获"全国优秀厨师"称号；事业越来越好，从最初的学徒逐渐干到厨师长、副总经理。

"那30年鲁菜非常红火，每天生意都很好，人满为患，不用愁客源，也感受不到市场竞争。"山东人的性格本来就保守求稳，而且在那种红火的景象之下，山东餐饮业一直紧闭大门，享受着一家独大的喜悦。颜景祥说，那个时候，山东厨师很少走出省外去学习交流，求稳的鲁菜一直按着固有的步伐蠕动着。

眼光决定一切。走出家门，才知道江湖有多大，才清楚自己有多渺小。在这一点上，颜景祥是山东厨师中的先行者之一。在1983年那次首届全国烹饪技术表彰鉴定会上，原本认为鲁菜已做得相当精致的他，吃惊地发现，与南方菜相比，鲁菜看起来粗糙不少，从"相"上就先输了人家一截。这让他看到了差距，对鲁菜有了一丝担忧。

平静江湖，其实暗流涌动，其他菜系都在暗自用力，鲁菜红火的背后潜藏着巨大的风险。

鲁菜被"黑"在振兴路上

江湖风云，瞬息万变。20世纪80年代开始，粤菜、川菜等，再到后来的西餐陆续挤进了鲁菜的领地，而且很快占到了一定市场，鲁菜遭受了严重冲击。

1985年，鲁菜开始陷入低谷。在这一年，颜景祥离开汇泉饭店，到了济南老字号鲁菜馆孔膳堂。在孔膳堂待的几年中，颜景祥第一次切身感受到了市场的残酷。孔膳堂几次停业又开业，鲁菜馆坐等顾客的日子永远过去了。

那些年，鲁菜还背负上了一些误解。"鲁菜烹饪过程中，厨师手不松酱油瓶""鲁菜的特点就是咸乎乎、黑乎乎、油乎乎"，这是不少人对鲁菜的评价。

其实了解鲁菜的人应该知道，鲁菜博大精深，也是所有菜系中最讲究的。鲁菜有粗犷的一面，也有精细高档的一面，只不过这些细致的东西不是所有的鲁菜厨师有能力表现出来的，也无法在大众消费层面上全部展现出来。

被贴上"傻大黑粗"的标签，想揭掉它岂非易事？鲁菜逐渐陷入更加糟糕的境地，不少鲁菜馆纷纷关门，或改换门面做起了其他菜系。

颜景祥此时意识到，缺乏宣传包装、菜系创新不够、人才青黄不接，这些是阻碍鲁菜发展的主要因素。为了重振鲁菜，他开始在这些方面上做努力。

他越来越重视与外菜系的交流，他参加了至今已达16届的全国厨师节，将鲁菜推向全国。他利用自己国家级评委的身份，在比赛中鼓励、引导选手创新。他办鲁菜培训中心，成为几所学校的客座教授，为了传授自己的技艺，发掘更多的人才。

一道菜卖了 6400 元

颜老说："南甜北咸，东辣西酸，鲁菜就应该随着时代的发展取百家之长，而又有自己独到的特色。"目前鲁菜不再闭关自守，而是不断地走出去引进来，颜老一年组织参与了8场研讨会，和省内及全国各大菜系的大厨们进行交流，以取百家之长，发展鲁菜。

鲁菜逐渐开始尝试粤菜的调料（生抽、老抽），川菜的味道（辣、麻），再加上鲁菜的烹饪技巧（爆、炒、烧），从而形成创新鲁菜。在颜老编写的《中华鲁菜》一书中，一共有60例创新鲁菜：鱼翅冬瓜盒、龙子鲍鱼、麻辣牛肉、麻香鱼片、蒸酿大虾……

颜老从厨50年来，创新鲁菜达200余种。以最普通的回锅肉为例，这两年创新鲁菜的制作手法，就是通过加入冬笋、大葱等配料，尽量冲淡其原先肥和腻的口感。

2005年，66岁的颜景祥参加了在武汉举行的第十五届"中国厨师节"，两次展示鲁菜精品菜"葱烧海参"，深受广大观众的喜爱，这道菜最后的现场拍卖价达6400元。

五十余年厨艺生涯

这几年，早已退休的颜景祥开始整理出版梁师傅留下的珍贵资料，让更多的人从中受益，让鲁菜文化传承下去。颜老先后编著《中国名菜·山东菜部分》《中国烹饪大师颜景祥作品精粹》《中华鲁菜》。

颜景祥对鲁菜的传播与发扬情有独钟，麾下徒子徒孙上千人。

颜景祥五十余年的厨艺生涯，一直致力于研究鲁菜、进行菜品创新，他是鲁菜创新的主要倡导者和实践者。他毫无保留地将鲁菜的技艺，传授于后辈，培养了大批新一代鲁菜烹饪人才，为鲁菜的继承发扬、研究创新做出了巨大贡献。

1999年，被中国烹饪协会授予全国十佳烹饪大师、中国鲁菜大师称号。

2000年，被授予餐饮业国家一级评委、国家级裁判员职称，被聘为首届中国美食节中国名菜名点大赛评委。

2001年，被中烹协授予中国名厨称号。

2002年，国家内贸部和劳动社会保障部授予国家级评委。2002年被收录入《中国管理人才大典》。

2002—2006年，被评为职业技能裁判员资格并担任全国职业技能竞赛第四届、第五届评委，并多次担任国家级和省市级烹饪专业比赛评委。

2005年，在武汉参加了第十五届中国厨师节，两次展示鲁菜精品菜葱烧海参，好评如潮，这道菜最后的现场拍卖价达6400元。

2006年，由中华人民共和国商务部评选授予"中华名厨"荣誉奖称号。

2007年，被中国烹饪协会授予中国烹饪大师金爵奖。

……

孙继英：全国"三八"红旗手

人们说护士是天使，还因为护士从事着最平凡、琐碎而繁忙的工作，不怕脏、不怕苦、不怕累，时刻以救死扶伤，全心全意为人民服务为天职。

然而，正是那一件件平凡的小事，向世界透射着不平凡的光芒。

孙继英，山东省陵县人，1954年5月6日出生，1971年参加工作。1975年为山东省生产建设兵团一团战士；1975年至1977年，在淄博王村八三厂任护理员；1987年任山东省劳改局中心医院外科护士、护士长。

孙继英对待病人似亲人，处处关心病人疾苦。一次，有位老年颅脑损伤患者，神志昏迷，呼吸阻塞严重，正赶上停电，无法使用吸痰器，孙继英毅然用嘴对着病人沾有血污的嘴把痰吸了出来，使病人转危为安。还有位脑血栓且瘫痪的女病人，臀部烫伤，大便干硬无法排出，为了避免烫伤创伤面污染，不便灌肠。孙继英就用手把病人的大便一点点抠出来，使患者深受感动。

孙继英不但在工作中认真负责，平时也很关心群众。一天，她发现在上下班的路旁躺着一个人，她意识到可能是位重病患者，立即上前诊视，并把病人护送到医院抢救，使这个病人得到及时抢救，转危为安。

"守护一颗心，从早到黄昏，守护这星球还有每一个朋友，守护的天使转动了齿轮，在你们的心上，把爱的想法大声传出去。"这不仅仅是一段歌词，也是每一位护士的责任，用爱感动每一个人；把健康带给每一个人，不求回报。让世界充满笑脸，让每一个人，每一天都开开心心度过，也是孙继英的愿望！

孙继英在平凡的岗位上默默地奉献着自己的光和热，成为劳改局中心医院全体医护人员的楷模。

1982年、1983年，连续两年被评为省级机关优秀党员。

1982年，被评为省优秀护士。

1983年，被全国妇联授予"三八"红旗手光荣称号。

大医精诚：我国著名的内科专家苗鹤庚的故事

孙思邈在《大医精诚》中首先强调了医学乃是至精至微之事，故学者必须博极医源，精勤不倦，一个医生若无精良医术，即使厚德仁心，也不能被认为是一个合格的医生；然而，不能救人于疾患危难之中，医德也是一句空话。

健康所系，性命相托。医生的服务对象是人，人命大于天，分秒中的诊断便决定着一条性命的去留、一个家庭的悲欢，因此作为医生需时刻谨慎，一丝不苟，如履薄冰，如临深渊。

我国著名的内科专家苗鹤庚先生，正是一位医术精湛，厚德仁心的医学大家。他一生廉洁行医，为党为民为病患；德艺双馨，利人利己利苍生。

苗鹤庚曾用名苗锡筹，1918年9月7日生，河北省乐亭县人。苗鹤庚1942年毕业于北京大学医学院医疗系。1948年9月至1966年3月，任山东省立医院内科副主任。1966年至1977年10月，在山东省菏泽地区人民医院工作。1979年2月，出任山东省劳改局中心医院副院长、副主任医师。

多年来，苗鹤庚致力于呼吸系统疾病的研究。1966年与他人合著的《实用内科学》（山东人民出版社出版），为我省医学院校教学及临床实用提供了参考。1963年与他人合著的《内科学》（人民卫生出版社出版），被国家卫计委指定为我国医学专科教学用书。

苗鹤庚掌握英、日两门外国语，为科研提供了方便。他先后发表论文十余篇，分别刊登于《中华医学杂志》和《山东医刊》上。脂膜炎是罕见疾病，常为医生误诊，1965年他发表的《周期性发热型非化脓性脂膜炎综述》，对临床诊断治疗起了一定的指导作用。1959年发表的《乙烯二胺四乙酸双钠钙盐治疗铅中毒66例》，是我国首先应用于临床治疗铅中毒取得优异疗效的范例。

除临床与科研外，苗鹤庚还做了大量社会性工作。从1953年至1966年期间，他担任中华医学会山东分会内科学会常务理事兼秘书；《山东医刊》副总编辑；1968年，当选为山东省第二届人民代表；1977年，当选为山东省政协委员；1980年以来，先后担任济南市卫生局晋升评审委员会副主任委员，济南市卫生局医疗事故鉴定委员会委员。1983年，当选为山东省人大常委会委员，还担任九三学社山东省委员会常委，九三学社济南市委员会副主任委员。

回忆父亲苗鹤庚

父亲离我们而去整整十年了，但他的音容笑貌却时常出现在我的眼前。在我的心目中父亲是一个光明磊落、仗义执言的人。他一生不为名不为利，全心全意为人民服务，为协助中国共产党团结广大知识分子共同建设新中国做了很多工作。

新中国成立前，父亲毕业于北京大学医学院。毕业后到济南谋生。1948年济南解放后，许多知识分子对共产党持观望态度，而父亲毅然到山东省立医院参加了革命工作。这个决定对已有三个子女的父亲来说是难能可贵的。现在分析父亲做出这个决定的根本原因主要有两个：一是受到抗日战争时期参加革命的侄子的影响；二是亲眼看见了日军的暴行和国民党政府的腐败。看到中国共产党领导的事业是正义的，坚信只有共产党才能救中国。也正是这个原因，使父亲参加革命工作后能够兢兢业业地工作，认真刻苦地钻研业务，全心全意为人民服务。

父亲从1948年至1965年在山东省立医院工作。1966年，调菏泽地区医院工作。1980年，调到山东省警官医院工作。除本职工作外，在20世纪50年代初被原济南军区聘为卫生顾问，并担任中国人民志愿军医疗队预备队队长（因为抗美援朝战争结束未能赴朝）。20世纪50年代末被选为山东省人民代表，山东省人大常委。80年代后被选为山东省政协常委，省人大常委，省人大教科文卫委员会委员。

父亲工作认真负责，坚持原则。在我记忆中较深刻的是1958—1965年父亲负责省立医院"八病房"工作这段时间。这个"八病房"可不一般。"八"可能就是指"八路军"。"八病房"的病号都是十四级以上的领导干部。绝大多数病号都很好，但也有一些人毛病特别多。尤其到了三年困难时期，有些病号表现得特别不好。主要是因为粮、肉、蛋、油、烟、酒等"照顾食品"，当时父亲掌管这些"照顾食品"的审批"大权"。为了得到这些东西，有人托关系说人情，有人在工作中找麻烦，说病治不好，有意见。记得这个病人得的是"神经衰弱"。但不管说人情、闹情绪，父亲都坚持原则、按规定处理，因此也得罪了一些人。父亲在"百忙"中，还要到原济南军区去看病号，还要带巡回医疗队到农村给农民看病……父亲不但没有怨言，而且是很高兴地去做。

父亲一生不为名不为利，一切听从上级安排。1965年，父亲被调到菏泽地区医院工作。父亲走时带了我的妹妹和弟弟。我和姐姐当时都在读高中，按父亲的意见，退掉了省立医院的房子，我和姐姐都去住校。"文革"时，我们姐弟俩毕业后，就成了无家可归的孩子。

父亲调往菏泽地区医院时，得到菏泽地区领导、菏泽军分区领导和广大人民群众的热烈欢迎。当时欢迎人群竟排了十几公里。这就算是父亲多年带巡回医疗队深入农村的回报吧。

父亲到菏泽工作的第二年，"文革"开始了。当地造反派要揪斗父亲时，得到当地群众和民兵全力保护。在这里我们向菏泽的父老乡亲深深鞠躬，向他们表示我们衷心的感谢和敬意。

当时揪斗父亲的原因是父亲既是"反动学术权威"又是"走资派"。父亲说，你们说我是"反动学术权威"可以接受，说我是"走资派"我不能接受。造反派拿出一份山东省人大的文件，证明父亲是省人大常委，应属当权派。当时父亲很惊愕自己怎么是省人大常委呢！从这里也可以看到父亲对名利的淡漠。

1962年，山东省委召开了知识分子座谈会，参加会议的都是未打成右派的高级知识分子，共有62人，父亲是其中的一员。这次会议的精神是团结广大知识分子，包括犯错误的知识分子共同建设社会主义。在会议中，父亲利用"笔会"，结识了很多知识分子并和他们成为好朋友。"笔会"欢畅和融洽的气氛使在会的知识分子从"反右"的阴影中解脱出来，认识到知识分子是共产党的朋友、是共产党的团结对象。这种气氛的转变，成为这次会议召开成功的重要因素。

父亲一辈子勤勤恳恳为党为国为人民工作，不为名不为利，临终连一间属于自己的房子也没有。然而父亲走得很平静，他自信无愧于党、无愧于国家、无愧于人民，他完成了自己的心愿。

父亲是河北省人，他是一个真正的现代"燕赵慷慨悲歌之士"。

（苗孝元）

一个老知识分子的夙愿

苗鹤庚先生是我省医学界的一位著名内科专家，是九三学社济南市委员会的奠基人。在中国共产党领导的多党合作事业中，他做出了积极的贡献。他78岁高龄时，光荣地加入了中国共产党，实现了一个老知识分子的夙愿。

他兢兢业业，勤奋工作，在临床和教研工作上，奋斗了48个春秋，为党的医疗卫生事业做出了积极的贡献。他医术精湛，医德高尚，是我省著名的内科专家。

1959—1962年，国家经济困难时期，他与党同心同德，共渡难关。1966年，积极响应党中央"把医疗卫生重点放到农村"的号召，主动要求到我省最贫困的菏泽地区工作。

1977年，他被调回济南，在山东省警官总医院任内科副主任、主任、副院长。1988年被聘任为主任医师，1993年被批准享受国务院政府特殊津贴。

1956年，他加入九三学社，曾任九三学社济南分社综合支社主委、分社副主委、九三学社省工委和九三学社省委常委。

1985年，中共济南市委统战部为发挥各民主党派的科技优势，为我市经济建设服务，提出了"协助我市区、街、乡、镇企业包打一百项"的任务。苗鹤庚带领九三学社市委积极响应，认真组织我市社员，并从九三学社山东工业大学支社请来不少教授和专家，奔赴章丘、长清、历城等县区，考察乡镇企业17个，完成项目5个，解决了一些专业的技术难题，促进了企业发展。

在1986年市政协统一组织的帮助沂蒙山革命老区脱贫致富活动中，承接并完成商标设计和包装装潢改进项目20余个。

在1987年济南市政协办公厅和中共济南市委统战部联合召开的为四化服务表彰大会上，九三学社济南市科技咨询服务部被评为"为振兴中华统一祖国服务做出优异成绩的先进单位"，受到表彰。

他积极发挥九三学社的特点和优势，举办各类培训班和义诊活动等，为我市经济建设和社会发展多做工作。从1988年至1992年间，共举办培训班23期，培养各类人才1300余名；为群众看病500余人次，义务做手术210多例。

1992年，苗鹤庚先生因年龄原因和患眼角膜疾病，从九三学社济南市委的主要领导职务上退居为名誉主委，但他仍十分关心着"九三"市委的工作。因视力困难，他就用电话与机关和社员联系、交谈。他最为关心的是，要使九三学社接受党的领导、与党合作共事光荣传统一定要继承和发扬，警惕和抵制西方资产阶级政党对我们的影响。

（陈锐）

传承良好家风，记录时代印迹

孙嘉焊：全国家庭建档第一人

中华五千年文化泱泱大观，正是由千万万个家庭千百年来探求、传扬家风、家训、家戒汇聚、碰撞、交融而成的。

有一首歌唱道："家是最小的国，国是千万家。"一个家庭的代际传承、发展变迁也是一个国家和民族历史风云、沧桑巨变的缩影，是社会变迁最细微、最真实的写照。

将家庭中涓涓细流记录下来，将家庭中最原始、最真切的文字、照片或物件留存好、整理好，定是一件很有意义的事，于家、于国、于社会也是一个弥足珍贵的宝库。

"家庭档案，我家的无价之宝。"

他是一名档案老兵

出于偶然，他建起首份家庭档案

虽不起眼，却填补了一项空白

老照片，老家谱

老证件，老日记

老奖品，老契约

件件都是传家宝

样样都有沧桑韵

留得青山阅清秋

以前，孙嘉焯老人特别羡慕人家客厅里挂着的大照片，黑压压的人群里，拥着毛主席，然后朋友往后一指："我也在那里面呢！"

后来，作为先进工作者的孙嘉焯，也曾陆续受到胡锦涛、温家宝等多位国家领导人的接见。

这些照片，都让孙嘉焯小心翼翼地保存在家庭档案里。

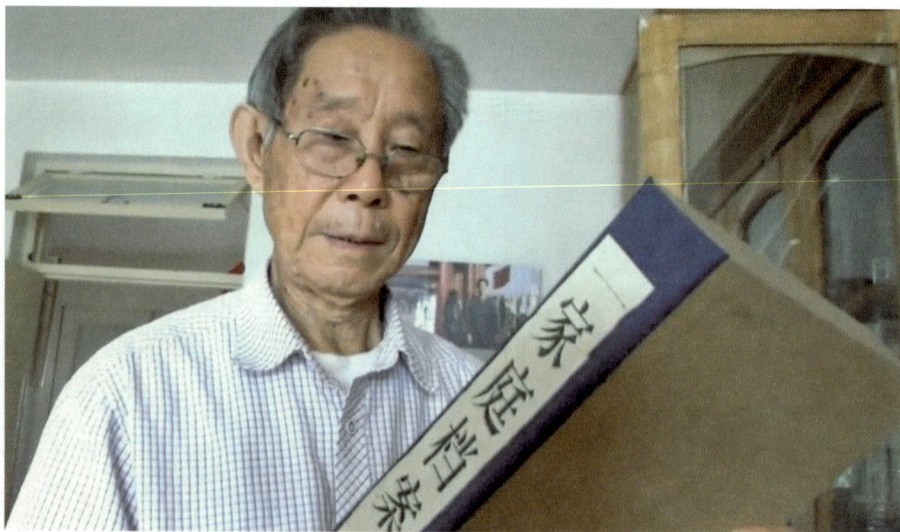

查找家庭档案

中华民族自古就有盛世修志、盛世修谱的优良传统，汇之于今，功在当代、利在千秋。孙嘉焯这位和档案打了大半辈子交道的耄耋老人，退休后依然执着地钟情他的档案工作。

档案存墨香，笔耕不辍，痴心不改。一本老家谱、一张老照片、一封老家书、一篇泛黄的日记……勾起人们深埋的情愫，唤起心底温暖的过往，对照出大半个世纪翻天覆地的变化，折射出济南千年古城浓郁的人文情怀。

情怀与责任相济，求索与叩问并存。

历史家庭档案，远于西周时期，周王为了维护家族的千秋利益，记录其"功绩"，特别注重记载周王室系的"谱牒"档案。中国古代王朝帝室和仕宦、商贾之家，用档案记录其"功绩"，传颂祖上之"恩德"。

说到"档案"两字，往往会被人们注入神秘的色彩。然而伴着家庭档案的开创和普及，它的神秘来到你身边，那层蒙娜丽莎的面纱就揭开了。全国家庭建档第一人孙嘉焯老人说，档案从国家到社会，从高楼大厦到社会基层，从社会到家庭发展之后，它就变得不那么神秘了。

孙嘉焯在济南市档案局工作了35年，积累了丰富的工作经验，也是家庭建档研究的爱好者、创造者。

1983年，孙嘉焯开始整理第一份家庭资料，当时他的全部"档案"只装了七八个纸袋，可今天，家庭档案已经分成了十几大类，整整齐齐地存放在100多个盒子里。

填补国际档案界的空白

经过近40年的积累，孙嘉焯老人建立的家庭档案已有数百卷、上万件。其中，有记录孙家400多年家史和优秀家风的老家谱；他发表的全国第一篇家庭档案论文期刊的留存；他参加全国档案工作表彰先进会议同党和国家领导人的合影；中央领导同志对家庭建档工作的3次批示、谈话；档案专家学者关于家庭建档的来信；他被中国人民大学档案专修科录取的通知书及子女高考录取通知书；他到国内外旅游的大量生活照片，孙辈的成长档案；他收集的全国各地家庭建档的资料等。这些都是他近40年来研究家庭档案的成果。

这些看似普通的档案，却是家庭变化的缩影，也是一个时代变迁的真实记录。通过这个家庭日常的柴米油盐，人们可以看到普通的个体生活，也可以见证新中国70年发展变迁的巨大变化。

谈起当初为何要做家庭档案，孙嘉焯称其实是偶然之举。1983年，孙嘉焯为申报中级职称回家找材料填表，翻找许久却没有找到。这时他突然想到：档案馆那么多档案都可以很快查到，家里为什么不能将有关材料整理归类，建一个家庭档案呢？

于是，孙嘉焯找了一个周末，利用一上午时间翻箱倒柜，把各种材料都清理集中起来，下午又分类、装袋、贴标签，最后放到了书柜里。一番整理之后，再想找什么材料便唾手可得。"家庭档案整理好后，很快就尝到了甜头，比如去医院看病，找到'保健类'，马上就可以把挂号证、病历拿出来；煤气炉坏了，从'家电设备类'找到保修单，打个电话，很快就来人修好了，既方便又实用。"

此后，他便醉心于此，并耗时半年打磨一篇《谈谈建立家庭档案》的论文，刊发在1984年第4期《家庭》杂志，不久又被《文汇报》等转载。

2019年，孙嘉焯出版了《家庭档案与美好生活》一书，向新中国成立70周年献礼。他说，作为一名老党员，"希望人们能了解家庭档案制作，延伸幸福生活"。

孙嘉焯老人说，家庭档案的概念最早是由他提出的。"以前没有这个提法，可以说是全国首创。家庭档案这项工作，曾经被国家档案局领导称赞是填补国际档案界空白的一项创举。"孙嘉焯说，时任山东省委副书记兼济南市委书记姜春云同志到济南市档案局视察工作，孙嘉焯把家庭档案的论文送给他审阅，姜春云还专门做了批示。

四次搬家的故事

70年来的家国巨变，留在了每一个小家庭的日常生活中。"做好家庭档案，不仅有利于良好家风的传承，还可以记录新中国的发展变迁。"孙嘉焯说，作为一名共产党员，他希望人们可以通过家庭档案，常怀对党和国家的感恩之心。

走进孙嘉焯老人的书房，最醒目的莫过于一个巨大的书柜，书柜中存放着一摞摞摆放整齐的档案盒。老家谱、老照片，老家书、老日记，都被孙嘉焯分门别类，仔细地存放于档案盒中。这些富有年代感的"宝贝"，就是孙嘉焯的家庭档案。经过近40年的积累，孙嘉焯的家庭档案已足够厚重，"有数百卷、上万份"。

"从家庭经济收支记录、工资单这些材料可以看出，改革开放以来，人们的经济收入大大增加了，这是生活巨变的一个重要体现。"

生活巨变的另一个重要体现，要数家里住房条件的变化。最初，孙嘉焯一家三代人挤在一间14平方米的小屋里，"有一段时间我不得不借住在单位的一间仓库里，当时的情形我至今难忘。"此后，孙嘉焯搬过四次家：1973年搬的房子有28平方米，不用和岳母挤到一间房里，他说"这是从地下来到天上"；1978年又改善到了36平方米的房子里，他说"自家终于有了水管子"；1988年，孙嘉焯分到两小套共100平方米的房子，厕所竟然在屋里；1998年，60岁的孙嘉焯又拥有了他人生中的第五套房子，有144平方米，光客厅就有45平方米。

生活巨变，工资单来作证

"外出做展览时，大家最感兴趣的就是我的工资单档案。"孙嘉焯说。

孙嘉焯老人拿出那一张张珍藏的工资单，除了工资数额的巨大变化，工资单的具体内容也反映了社会物质文化生活及工资改革情况。"例如，工资单最初除基本工资外，还有粮价补贴、肉价补贴、房租补贴、洗理费、书报费、奖金等项目。这反映了当时的物资供应还比较紧张，工资构成多元化。后来，随着社会经济形势的不断好转，这些补贴项目逐步取消了。现在的工资单上只有基本工资、职补、地方补贴等少数项目，更反映

展示自己的工资和住房的巨变

了工资管理的进步及人民生活水平的提高。"

　　1958年，刚刚参加工作的孙嘉焯每月工资是26元。到改革开放前，20年的时间里，他的工资才增加到48元。"那时我工资低，每到过年都是单位里的吃救济者，花钱真是一分一厘地计算，一有急事、难事就得借钱。"改革开放以来，孙嘉焯的月收入迅速增长，到1998年退休时，工资已达1300多元，这在过去是不敢想象的。更令孙嘉焯不敢想象的是退休后，他的工资仍然在不断增长。到2018年，孙嘉焯的工资已经突破了1万元。

　　"一张小小工资单上标明的工资，我们用起来很容易，但细想一下，国家要支付这么多钱谈何容易。"孙嘉焯说，一个家庭的工资增加，来源于国家财政收入的增加，这恰恰说明国富才能民强。

　　"生活巨变，家庭档案作证；知恩报恩，世世代代不忘。相信在党的领导下，我们的生活会越来越好，日子会越来越红火。"

　　孙嘉焯老人如是说。

两代人的大学梦

沐浴着改革开放的春风，孙嘉焯的一双儿女成长于新时代，都获得了硕士学位，儿子还有机会出国留学；孙辈们也正在接受着良好的教育。在孙嘉焯的家庭档案中，至今仍然珍藏着女儿的硕士学位证书。

物质生活富足了，渴望丰富文化生活的心愿也在悄然生长。孙嘉焯的家庭档案也记录了精神文化生活的巨大变化。由于种种原因，孙嘉焯原本有两次上大学的机会，都未能得偿所愿，成为他的一大遗憾。1991年，孙嘉焯有机会在济南市委党校学习，与同学们合影的照片被他珍藏在家庭档案中。

"欢送孙嘉焯、韩善良同学去科学院学习留念——1958年11月11日。"这行字底下，是一排排颜色已经发黄的人头像。

那一年，孙嘉焯正好20岁，读高三，一门心思想考个好大学。可这时"大跃进"开始了，要在全省选拔一批学生提前分配工作，于是他就给分到了山东省科学院。

1958年，省科学院刚刚成立，那是一个高中生就可以到科学院工作的年代。

1963年，济南市档案局选调干部，被下放到济南钢铁厂的孙嘉焯被选上了，厂里的人羡慕得要死。他们告诉孙嘉焯："你要去的档案局就在市委大楼里，人家的茅房比咱厂子都强。"孙嘉焯内心顿时充满了自豪感，即使第二年他被单位规划送去中国人民大学进修，却因为"四清运动"没有成行，他依然存留着那分在"市委大楼工作"的骄傲。

退休之后的孙嘉焯还爱上了旅游。他说，20世纪50年代，他就沉迷于书中描述的祖国大好河山，但当时吃饭穿衣都很紧张，根本还没有旅游的概念。到了20世纪六七十年代，由于工作关系，他终于有机会参观了一些名胜古迹。

1972年6月拍摄于天安门前的一张照片，是自己的第一张旅游照。当时，他犹豫了半天，狠狠心才拍了一张，一直保存至今。

整理所获得的证书

再到2001年，孙嘉焯和老伴第一次出国看望异国工作的儿子，走下飞机的那一刻，孙嘉焯激动不已。"出去走走才发现，到处都是中国人。"孙嘉焯说，这一切都说明国家强大了，人民富裕了。

可此后，连去美国三次的孙嘉焯根本不把出国当回事了，他在美国住儿子的小洋房，吃北冰洋蟹腿，用电脑写了本《家庭档案管理艺术》，又跑回国内来出版。

上网，出书，旅游……

如今，已经成了孙嘉焯老人最幸福的生活常态。

一封 80 多年前的家书，见证救命之恩

说到档案的重要性，孙老还给我们讲了一个故事：原分管档案工作的老领导、后任济南市人大常委会秘书长、现已80多岁仲宁敏同志的一段经历。

仲宁敏同志对家庭档案工作很支持，也很感兴趣。在他自身众多的家庭档案中，有的已捐赠市档案馆，有的在"文革"中被抄走。但至今尚在，还保存的有刚解放时济南市市长谷牧对他的职务任命书等珍贵资料；以及他后来撰写的自传、发表的文章和离休后幸福家庭生活的大量

照片等。

然而，他更为珍视的是晚年从老家收集到的一封80多年前的家书，因为这封家书印证了他二伯母的救命之恩，每当想起此事，他总是感慨不已，思绪万千……

小时候，仲宁敏就听老人说过，他出生时，一切还算正常，但七八天后发病，全身抽搐，口鼻发青，昏迷不醒，其母甚惧，以为气绝，放于门外谷草上，待人送往郊外（旧社会山东胶东地区处理病危小孩都这样做）。

可就在这生死关头，他二伯母于心不忍，将他抱回了家，百般调治。先以艾蒿熏灸，稍有呼吸，则大喜。随后又用邻居自北京捎来的小儿药灌之，泻出绿色粪便，其味甚臭，随之死而复生。

之后，他还是体弱多病，每发高烧，其母常常束手无策，皆由二伯母给喝水发汗，日夜守护，有时还带他到本村一名中医处诊治，稍大时，则带他到外村治疗……

他与二伯母有了很深的感情，待他懂事后，特别是十三四岁起，二伯母的用水、烧柴、买卖物品等都由他负责办理。他外出参加工作后，每次回家，首先拜见的是二伯母。如有积蓄，也送由二伯母使用。

长期以来，仲宁敏同志对二伯母的救命之恩虽念念不忘，但当时幼小不记事，有些事总不如长辈亲身体验的那样真切。恰巧20多年前，有次他出发回来路过烟台，顺便回老家黄县探望。当时祖屋已卖，但他还是进去转了转，发现屋内有一破缸，缸内有一些碎纸，就扒着看了看，无意中发现有一封很破旧的书信。

展开一看，原来是他祖父（晚清秀才）写给仲宁敏在哈尔滨工作的父亲的信。再仔细一看，里面详述了他出生时病危及二伯母如何救活他的具体细节经过。

此信的发现，使他大为惊喜，使他听老人说的二伯母的救命之恩进一步得到印证，更添加了他对二伯母的思念和感激。

回到济南后，专门将此信托裱，作为家传珍品，精心保管。

一座古城，一道美食

——百年老字号"黄家烤肉"的前世今生

黄阁忠说，有一年初冬，天气寒凉，来了一位89岁的高龄客人——李老伯，他谈起60多年前，在"黄家"烤肉铺排队买肉的情景，李老伯拄着拐杖，声音有些颤抖。

"黄家"，这个老牌子伴随了他半个多世纪，这是老字号留给一代人的记忆，也是一个时代变迁的符号。

这家百年老店经历了几十年风风雨雨。可喜的是一批老字号在改革开放后重新振兴、破茧成蝶。"黄家"也完成了从店铺到公司，从家庭作坊到绿色产业化经营的嬗变。其间，有几多困顿，更有几多坚守和几番变革。

他说，黄家烤肉之所以传承300余年而不衰，那是因为传承的不仅仅是配方，还有做人的精道、精神、精髓。烤肉，可以说也是外烤肌肤体魄，内烤灵魂精神呀！

济南名吃黄家烤肉，多年隐于陋巷，以致声名不彰，恐怕很多济南人都没有吃过，但美食大片《舌尖上的中国》热播后，这一传承300余年的传统美食又一下受到了人们的青睐。

黄家烤肉因其整猪烤炙，制作工艺独特，皮酥肉嫩，清香可口，早在清朝时就颇有名气，并由著名商贾孟洛川带入宫廷，受到慈禧太后褒奖。

诗人臧克家在《家乡菜味香》一文中回忆道："我

黄阁忠工作照

傅海珠　绘

们学校在督司大街，斜对过有一间门面，一个大木架子上挂着开了膛的一只烧猪。皮色半黑，刀割零售；烧得很烂，甚为可口。这就是济南的烤整猪，别处未见过。"让诗人不能忘怀的烤猪，正是黄家烤肉。

1956年，异香斋黄家烤肉参加全国食品博览会，周恩来总理、朱德委员长等党和国家领导人亲临大会品尝，给予高度评价，并被评为全国烤肉第一名。

1972年，柬埔寨国家元首西哈努克亲王来济南参观访问，点名品尝黄家烤肉。

1975年，朱德委员长来济南视察时，也指名品尝。

1985年，于国家商标局注册"黄家"商标。

1988 年，黄家烤肉被县、市、省推选，作为山东省传统风味名吃和济南市"八大风味"之一参加了中国首届食品博览会，获"全国首届食品博览会银奖"。

1999年，著名教育家、文学家严薇青所著的《泉城百年老照片》中，记载了异香斋黄家烤肉铺。

2005年，在济南老字号"异香斋黄家烤肉铺"基础上，成立了济南异香斋黄家食品有限公司，主打产品"黄家烤肉"。

黄家烤肉有故事

传说在元朝，章丘黄家湾有一位黄姓武官，因打了败仗贬黜回家。其随从有一蒙古人经常点燃树枝烤炙羊肉，鲜味飘香吸引了很多人。黄将军受其影响，也酷爱吃烤肉。不过，本地世代养猪，就演变成了烤炙猪肉，并且将猪肉成块烤炙。到明朝末年，发展到用特制的炉子烤整猪并以烤肉谋生。因此，自明朝末年至今，黄家烤肉已有300余年的历史。

黄家烤肉与"瑞蚨祥"的创始人孟洛川、孟觐侯为代表的"孟氏商人"还有一段渊源。第一次鸦片战争后，我国民族工商业渐有发展。"孟氏商人"结交了不少豪门显贵，把黄家烤肉这种名吃带到了宫中。慈禧太后吃腻了御膳房制作的各种山珍海味，偶尔品尝一回"章丘黄家烤肉"，感觉此肉肥而不腻、皮酥肉嫩、异香别具、回味悠长，便重重赏了孟洛川，还御赐给黄家一面铜牌，以资褒奖。

黄家自祖辈经营烤肉以来，世代相传，均操此业以养家小。黄家烤肉在清咸丰年间名声极高，销量颇为可观，黄家湾制作烤肉的人家也相应增多，清末宣统年间已有四五家制作和经营烤肉，并从光绪年间开始在济南经营。1917年在济南城内院前大街开设"异香斋黄家烤肉铺"，在济南经营已有百年历史。济南商埠区工商业有较大发展后，异香斋迁至经二路纬四路经营，后来搬到了二七西边小梁庄内，如今又搬到了济南大学附近的双龙庄，远离了市中心区域，竟似渐渐淡出了济南市民的记忆，殊为可惜。

黄氏祖传：38 种中草药的配方

近几年来，为适应不同口味顾客的需要，黄家烤肉又研究烤制了五香腱子肉和具有甜味、辣味的烤肉，还研制了烤鸡、烤兔等新品种。黄家烤肉要经过8道工序：首先要精选五六月龄的小猪，吃豆渣的猪烤出的肉最香，每头猪重量在85—100千克之间。购猪后要先在家里喂养四五天，避免猪有未查出的异常。然后才宰杀、褪毛、开膛、去五脏、除板油、剔去四蹄骨与部分肋骨。做完这些工序，再将厚的肉质部分先切片分层，然后顺序间隔切割约2厘米，深约0.5厘米，把整个猪切划完成后往猪肉内填充搓揉预制好的作料。

作料配方是黄氏祖传的，包含了38味中草药。把炒好的佐料一层一层往肉缝里搓，搓时用力要柔和、均匀，一般要搓3遍。搓完后再把肉合起，来回揉搓，使料在肉里均匀渗透。搓完后腌渍30分钟左右，用双肉钩勾住猪的后三叉骨，倒着挂起来，用秫秸段撑开后肘部和猪后腔，再用钢筋做的扒条卡住猪腰的外部，形成桶状，再用秫秸撑起猪中腔和前腔，使猪身圆起来，便于烤制时受热均匀。其间用草纸蘸水贴住猪肚皮等膘肥脂厚的地方，因这些地方容易烤化、烤薄。一切准备完毕，才开始最重要的工序——放进烤炉进行烤制。

刚出炉的烤肉，闻其味香扑鼻，吃之皮脆而酥，肉质鲜嫩，肥肉不

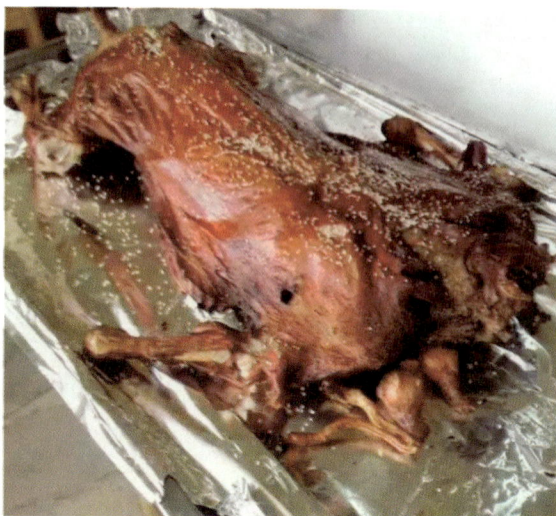

黄家烤肉

腻，嚼之回味无穷。单吃鲜香可口，若烩以白菜、豆腐则更别致，用小饼加章丘大葱卷着吃更为美味……

不知道的人以为黄家烤肉只可以切成片吃，其实吃法多样，也可放上米饭上锅蒸，蒸出来的饭超好吃；还可以打汤，放上豆腐葱花，味道甚是鲜美。

一道美食，一座古城，美食噼啪添香久，古城新貌韵味长！

拥有300余年历史，比北京烤鸭更悠久

"别具异香的山东名吃黄家烤肉，自明朝末年问世，迄今已有300余年历史。据山东省食品卫生监督检验所检验，黄家烤肉蛋白质含量为23.4%，脂肪含量为43.1%，盐含量为1.3%，水分含量为31.6%。刚出炉的烤肉，异香扑鼻，味飘数百米之外，闻之增食欲，嚼之回味无穷。"

异香斋黄家烤肉第六代传承人黄阁忠在店内翻阅着祖辈传下来的史料，难掩心潮起伏。20世纪80年代，得益于邓小平同志，得益于国家改革开放，它才有机会发展起来，越发展越好。

济南市民潘忠生记忆犹新："我16岁那年（1981年），外焦里嫩、工艺独特的黄家烤肉第一次摆上济南市场，是我和黄家人一起把肉扛到自由大街马路市场上的，当时香味四溢，围观者众多。那时候，一天的营业额就能到二三百元。"

潘忠生回忆，那时黄家烤肉的零售价是2元一斤，从一整只烤熟的猪上切下来的肉，用黄纸包好，不少国有企业工人拿它来送礼。那时，潘忠生

是工厂的学徒工，一个月的工资20多元，而他帮忙卖烤肉，收取的钱币最高面值是10元，一天下来觉得很富足，"多的时候钱包里能装400多元，既兴奋又紧张"。

专利保护　商标注册

"有家庭条件优越的同学常炫耀，小时候的美好记忆就是喝着香槟吃着黄家烤肉。"黄阁忠笑称。但烦恼也跟着来了，一夜之间出现了不少"黄家"的招牌，都自称正宗。

为鼓励市场有序竞争，1984年我国推出了《专利法》，1985年开始实施。这一年，"黄家"商标顺利注册，"我们受到了法律的保护，品牌价值开始显现，异香斋如同插上了翅膀，从济南飞向全国和海外。"黄阁忠感慨政策机遇。

也正是从这一年开始，"异香斋"逐渐在全国各大博览会上揽奖。乘着市场经济的东风，2005年，济南异香斋黄家食品有限公司成立，产销一体，能生产70多种产品，一家食品企业从老字号中破壳而出。

改革开放，法律法规从欠缺到完善，"黄家"乘势走向了规模化。

首届中国食品博览会上：中国食协研究室主任参观黄家烤肉现场展位

"退路进厅" 直营店曾达 70 家

老字号命运起伏与政策改革变化息息相关。

从20世纪80年代到1997年，生猪定点屠宰、集中检疫制度推开之后，黄家烤肉不再自己屠宰生猪，对猪肉的原料质量把控越来越严，香味依旧，价格也水涨船高，从每斤2元历经10元、20元，到如今53元的价格，依然备受青睐。与此同时，节会、博览会上，依然还有冒牌的身影。

"黄家"商标正根正源，还是国家重要产品追溯体系示范项目，可扫码追溯生产全过程。"对有顾虑的消费者，黄阁忠常这样说。

老字号的品牌价值虽难估量，他们发展的转折点却清晰可见。

"曾一年营收6000多万元，由几个马路市场店发展到70多家直营店。"黄阁忠回忆，这一大转折得益于"退路进厅"。

原来，自2010年开始，济南用3年时间，基本实现马路市场退路进厅，确实无厅可退的，直接转为社区便民菜场或肉菜连锁店。异香斋顺势而为，在济南银座、统一银座等商超铺摊设点，跑马布阵，成为市场经济"走深"的见证者。

坚守老品牌的质量和味道

互联网经济之下，不少老字号受到"网红"品牌的挑战，如何让老字号焕发新生机，黄阁忠和夫人王春一直在探索。他们最近拒绝了来自大连、成都等10多个外省市的加盟请求，"不能一味图快，得先坚守老品牌的质量和味道"。

原来，他们对高质量发展有更深远的考量，眼下，先得闯过工业园区关。"这一关如果闯不过去，就不能实现转型升级发展。"王春直言。

异香斋黄家烤肉位于济南七贤镇双龙村占地1亩多的厂区，如今面临拆迁。厂区内有600多万元的新设备，前一年12月接到拆迁通知，新的工业园区还没着落，凝聚着前五代传承人心血的品牌能否随搬迁迎来新商机，让黄阁忠感到前所未有的挑战和压力，他一直在寻求获得土地、税收等招商引资的优惠政策。

商务部等16部门去年联合下发《关于促进老字号改革创新发展的指导意见》，专门提出，在旧城拆迁改造中，尽量在老字号原址或附近安置老字号。处于城市扩展中的这家老字号，正迎来政策红利。

山东省推出鼓励民营企业高质量发展的系列新政，又让黄阁忠眼前一亮。"经济由高速增长阶段转向高质量发展阶段，民营企业也到了实现高质量发展的新阶段。"他感到迎来了民企发展的新一轮机遇。

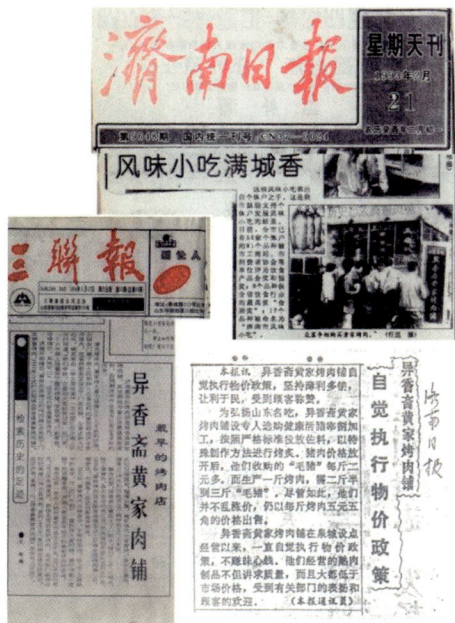

媒体报道

政策的红利还在落地，这些攸关民企发展的政策，对黄阁忠而言像一场及时雨。他和他的百年老字号，正在驶入又一个快速前行的轨道。

老主顾趣事：曾因偷吃烤肉被杖责

20世纪五六十年代，家家户户的小孩都很爱过年，因为可以穿新衣、玩烟花、吃猪肉。每当看到黄澄澄、滴着油的肉，孙志军就垂涎三尺。馋则思味，食则通泰。一天孙志军看到父母刚买回来的黄家烤肉，"那股肉香劲把肚子里的馋虫弄醒了，我把肉用铁丝穿起来，因为有些凉了，就放在火上烤，只见铁丝上的肉哧哧的冒油，香味也随之扑向鼻孔，恰好我几个同学来家，大家你一片我一片，不一会的工夫就把烤肉解决干净了。他们擦擦油花花的嘴拍屁股走人了，我可惨了。"孙志军笑道，"最终东窗事发。父母看到肉没了，哪会信我说的被狗吃了，臭骂是必然的，还少不了一顿杖责。现在生活好了，却也找不到过去那种感觉，还好黄家烤肉一直留存至今，也算是对过去的怀念。"

黄家烤肉，走向济南 30 多家超市

不仅是烤肉，"黄家烤肉"制作的五香脱骨扒鸡、香肠、牛肉以及各类下货等，均色、形、香味俱佳，受到了顾客的青睐。但未来的继承和发展也遇到了些难题，"目前济南地区要向30多家超市配送黄家烤肉，由于各种成本增加，肉卖得要贵一些，有的顾客就不理解，我们也是没有办法。"黄阁忠表示，对于未来"老字号"如何传承下去，他暂时还没有想过。

有网友"泉水"为异香斋黄家烤肉铺作了一首诗："女郎山土黏而硬，赖此家营数百年。嫩肉异香传久远，门人厚德博绵延。抚今霖雨滋旺铺，追昔寒风透薄毡。片片覭肩炉里挂，景观独具已无禅。"但拥有300余年历史的黄家烤肉如今在济南却不如羊肉串这个"舶来品"火爆。或许，我们应该重新围坐在桌边，卷上一张小饼，伴上疙瘩汤，细细品味先人们那份惬意享受的心情，让美味在身体、记忆中沉淀。

"小巷总理"大事记

社区有大有小，居民少则数千，多则数万，一个社区犹如一个大家庭。"小巷总理"这个权力不大、管事不少的岗位，则是这一大家庭中的当家人。当好这个当家人需要具备运动员的体魄、律师的口才、宰相的肚量，做到既"接地气"又"接天线"。

王海霞：扎根社区 22 年的"大学生书记"

王海霞，是梁南社区党总支书记、居委会主任。

她是济南市最早招聘的一批大学生社区工作者，也是唯一坚持到现在的。

时光荏苒，岁月如梭，二十多年悄然滑过。

"全省优秀社区工作者"、"全省第五次人口普查先进个人"、济南市优秀共产党员、济南市"最美创城好市民"、济南市"三八"红旗手、

"优秀基层妇联干部"……

无数荣誉加身，她是怎样一位基层干部，又有着怎样的故事？

因母亲，她选择了社区

22年前，21岁的王海霞还在济南大学读书。彼时的她，攻读的是市场营销学专业。这个专业在当时的中国，可谓炙手可热，基本不愁工作和收入。

在别人看来，王海霞拥有非常光明的未来。

但是，这个倔强的济南姑娘，却选择了另外一条道路：她要去居委会工作。

她工作的地方，就是梁南社区居委会，这是她的家。

王海霞自幼就在这片土地生活，她熟知这里的山山水水，她了解这里的鸟语花香。能在这里工作，把这里变美变强，一直是王海霞的夙愿。

更为重要的是，她的母亲就是一名居委会工作人员。年幼的她，经常

社区接受街道平安办赠予的书籍资料

看到母亲为大家忙里忙外，跑东跑西。在母亲的影响下，她明白了社区事务联系着社会的方方面面，牵扯着家庭中里里外外，虽然烦琐复杂，但是很有意义。

她说，她选择社区，就是希望能够像母亲一样，成为一个对社会有用的人。

生在梁南，长在梁南，工作在梁南

作为一个老旧开放式小区，曾经的梁南社区供暖、供气、储藏室、健身器材等公共配套设施几乎为零，卫生脏乱、路面坑洼、下水道堵塞、杂物堆积，门窗破损等各类问题层出不穷。王海霞就是在这种情况下到这里任职的。

"我生在梁南，长在梁南，工作在梁南，能把这里建设好是最让我自豪的事。"1998年，王海霞大学毕业后，毅然报名考试，成为居委会"大爷""大妈"们的新同事。很多同学朋友无法理解，但她说："居委会是一个让年轻人大有作为的地方。"

22年来，同龄人的"瞧不上"、工作中的加班加点、亲手掏下水道的辛劳，都没有动摇王海霞扎根基层的信念。唯一一次让她产生"干不下去"念头的，是来自街坊邻居的误解。2009年开始，二七新村街道对梁南社区老旧危房进行棚改，涉及回迁居民400余户。

"有些街坊好几代都住在没有厕所和厨房的小危房里，就是不愿走。有人说我（在棚改中）捞好处，侵犯居民利益。白天解决居民诉求，晚上回家被堵门，半夜还有邻居打电话……那个时候感觉太委屈了。"

这些困难没有让王海霞退缩，她下定决心，无论如何也要把这个事儿办好。"最后撑过去也就撑过去了，那些持反对意见的后来还有跟我道歉的。"

最终，原地新建6栋居民楼，并于2013年回迁。过去透风漏雨的危房小院变成了整齐、现代的封闭式居民小区，辖区居民的居住条件得到全面彻底改善。

疫情期间王海霞接受电台采访

居民眼中的"小巷总理"

王海霞面前的土路变成了马路，居委会由平房变成了楼房，而她也由一名不谙社区事务的花季少女，变成了一位熟知基层业务的居委会主任。

1998年，21岁的王海霞初到社区，分管计生、妇联、社保、工会等工作。就在这一年，她组织筹备了济南最早的腰鼓队之一——梁南社区金鹤舞腰鼓队；2009年这里还成立了济南市第一家社区文联——梁南社区书画爱好者协会。

协会成立时居委会大力支持，协会成立10周年的画册还让海霞写了序。

同时，为满足辖区居民多元化、个性化的需求，梁南社区每年都会开展消防知识培训演练、四点半第二课堂辅导、插花、剪纸、烘焙、电脑培训、书画培训、科普讲座等丰富多彩的活动，受到了社区群众的欢迎。

2004年3月，梁南社区居民刘长英的女儿被医院诊断为骨癌。4年前，刘长英的丈夫病故，由于没有任何经济来源，她只能和女儿依靠每月90元遗属补助和176元低保金生活。巨额的医疗费用对于这个原本困窘的家庭来说更是雪上加霜。为此，王海霞和社区居民为她们捐款千余元，帮她们申请了各项救助款共计3500余元。

"问需于民，服务于民"，王海霞在平凡的岗位上发挥着共产党员的先锋模范作用，树立了"小巷总理"的良好形象。

上面千条线，下面一根针，群众大事小事都在社区。

社区的故事说不完道不尽，每天都在发生。

傅海珠 绘

第四编

七里山街道

结庐在人境，偶有车马喧

七里山街道：老百姓的幸福山居

　　济南有三十六座山，七十二名泉，山和水代表着济南这座城市的生活底色。相比于名泉和名山，七里山的山山水水，似乎显得有些平凡，但殊不知这恰恰却是她的独特魅力。因为，在老百姓的眼里，这里的人文与市井，才是世间幸福的烟火本色！

　　弥漫着市井和人文味道的街巷，是反映一座城市社会历史的"活化石"，也是一座城市从孕育到生长全过程的历史见证。

　　走进七里山辖区，漫步在交错的街巷中，熙熙攘攘尽是烟火气息。看着社区小广场嬉闹的孩童、山体公园对弈的老人，内心升起一种平凡宁静的幸福感。这是一件怪事，可又并不奇怪。说它"怪"，是因为身居闹市，七里山恬静得有些"特立独行"；说"不怪"，则需要在认真品读它后方能明白，这里的人和故事都蕴含着人间幸福的含义，那就是安守一份初心，用点点滴滴的"普通"，汇聚成别人眼中羡慕的"美好"。

　　七里山街道位于市中区南部，因位于七里山旁而得名。街道辖区东至英雄山路，西至卧龙花园，北至二七新村南路，南至郎茂山主峰线；面积为2.4平方公里，现有常住居民3.03万户、共计8.15万人。

　　七里山的居民往往这样开始夏季周末生活的一天：从被一声鸟鸣唤

醒，吃过早饭从家中出发，步行到郎茂山山体公园，在春风和着暖阳的山林间散步，走累了就坐在石亭里歇歇脚，感受山风的阵阵清凉。

对于这里的人们来说，幸福就是这么简单。

要说七里山的好，这里的人们都有自己的独到见解，哪怕是八九岁的少年，也能滔滔不绝、口若悬河，更别说饱经沧桑的老人了……

七里山辖区内有"一山一河"，郎茂山和兴济河；郎茂山山体公园绿化面积达1300多亩，是居民生活中的"天然氧吧"；而兴济河水系畅通，两岸绿树环绕相映成趣，更将生态、防洪、景观功能融为一体，全面提升了七里山"水"的景观品质，俨然是一处别致的"山居滨水景观带"。到过七里山的人，都不禁会产生一种"隐居"的冲动，因为这里有着"结庐在人境，偶有车马喧"的超凡脱俗之感。

七里山辖区拥有济南第六十八中学、七里山小学、泉景学校等中小学校5所；七里山幼儿园等公立幼儿园2所、私立幼儿园5所。教育资源丰

七里山街道公园一角

富，人文底蕴浓厚。明朝人文震亨，在《长物志》中曾写下这样一段话："居山水间者为上，村居次之，郊居又次之。吾侪纵不能栖岩止谷，追绮园之踪而混迹廛市，要须门庭雅洁，室庐清靓，亭台具旷士之怀，斋阁有幽人之致，又当种佳木怪箨，陈金石图书，令居之者忘老，寓之者忘归，游之者忘倦，蕴隆则飒然而寒，凛冽则煦然而燠。若徒侈土木、尚丹垩，真同桎梏樊槛而已。"这正是古人对山居人文的赞美。

七里山辖区有泉景小区、卧龙小区、七里山南村、郎茂山小区等大大小小十几处纯居民小区，人口较为密集。老旧开放式小区多，民生服务需求大。为此，街道党工委认真对街道公共服务事项流程进行梳理，完善服务事项办事指南，为群众提供标准化的政务服务，让幸福山居的发展更有温度。

其实，生活在这里的居民，早就用一首虽算不上押律合辙，但却极富人文气息的"打油诗"道尽了七里山的好——"身居宝地不远行，山水相依好风景。若问此间是何处？幸福之居七里山！"

也许，这就是惬意的山居生活吧！出则繁华，入则宁静，心向往之！山水本身的宜居环境和文字对它的渲染，使得山水之居更加成为当今终日忙碌的人们，一种由心而发的精神向往。

郎茂山：大好儿郎　风华正茂

在1934年的《济南大观》里，郎茂山还是狼猫山，位于城南七里，大佛山之北。

彼时的狼猫山和今天的郎茂山，是同一座山，但景象却大不相同。从名字便可见一斑，有狼，有猫，必然是荒山野岭，杂草丛生。

原本是人迹罕至的偏僻地方，却并不缺少故事。郎茂山有3个主峰，海拔234米，作为济南西南部的一大制高点，这里一度是战略要地，攻下这里，便意味着打开了济南的南大门。

1948年的济南战役期间，这座山上也曾有一场激烈的战斗，附近的老

俯瞰郎茂山

人或许还记得当时的枪炮声。后来，人们在这座山上发现了一块刻有"郎东堡垒"的石碑。这个堡垒建于1948年4月，即济南战役前夕，由国民党陆军整二师二一三旅六三七团一营据守。除了石碑，人们还在郎茂山山腰处发现了坍塌的石碉堡，这些都是济南战役的历史见证。

　　而今在战役遗址上建起了郎茂山战役广场，石碑上面是关于济南战役的介绍："当时的华东野战军遵照中央军委'攻济打援'的战略部署，以十四万人攻城，以十八万人阻援打援，从1948年9月16日至9月24日，历经八天八夜浴血奋战，全歼守敌十万人，争取了国民党整编九十六军军长兼八十四师师长吴化文率部两万人起义，俘获了国民党第二绥靖区司令王耀武等，解放了济南全境。济南战役的胜利，严重打击了国民党军据守大城市的信心，锻炼并提高了人民解放军攻坚作战能力，同时使华东、华北两大解放区连成一片，为华东野战军南下参加淮海战役扫除了障碍，揭开了我军同国民党军战略决战的序幕。"

　　当年枪林弹雨的地方，今天已经是一座风景优美的山体公园，是附近居民休闲生活的好去处。如今的郎茂山上有经过精心整修的山路和观景平台，有科学搭配的植物景观、亭台楼阁，韵味清幽。当我们踏着山路一步一步登上郎茂山，眺望远处繁华时，是否也会想起当年在这里奋勇前进的战士们，是否也会想起为这座公园付出的建设者们。所谓"大好儿郎，风华正茂"，说的是现在的人，也是过去的人。

　　接下来，让我们通过几篇文章再次领略郎茂山的情和景，以及不同版本的郎茂山的传说，还有郎茂山下的人间烟火故事。

"世外桃源"郎茂山

张　洁

　　山东省省会济南素以趵突泉、千佛山、大明湖为代表的风景区而闻名，这些景区经历了漫长而悠久的历史岁月，还屡屡登上荧屏，闪耀在现代多部影视剧中。在济南生活有十多年之久，以前日闲，我常跟随着人们

遥望郎茂山

的脚步往这座城市里走一走，看一看，而所观所闻的不过是一些被无限重复的风景，终致心生倦怠，索性不再出门。

其实，反观那些一年难得几次变化的景区，它们在日复一日的敞开怀抱中或早已对游人心生疲惫，也未可知。有时在没有月亮的城市夜晚停下来，看着办公楼下人来人往的行人，一个念头冷不丁袭击了我：现实中有多少座集历史风雅与都市浪漫于一身的城市，正在为世名所累呵。

随着工作渐渐忙碌，生活步入正轨，我开始利用闲暇或休息日，避开那些人潮拥挤的街头和攒杂喧嚷的景区，从城市中心逃离，和朋友一起穿越那些行人不多却充满旧时光记忆的小街小巷，品尝街头巷尾那些热气腾腾、香气扑鼻的小吃食，跟一旁眯着眼睛阴凉地里小憩的老济南人拉一拉呱，这座跟印象中跟他人口中不一样的城市，以一种"接地气"的方式慢慢呈现于我的视野。

"郎茂山"就是在这样的心境下探寻所得。从大名鼎鼎的千佛山朝西南方向驾车，不用20分钟便可抵达郎茂山下。郎茂山，旧时称"南山"，又名"狼窝山"。据传民国时此处沟峪山洞中有狼栖居，所以老百姓喊她"狼猫山"。郎茂山曾是济南战役的战场之一，至今山上岩石犹留有明显的弹痕。新中国成立后，人们大规模开荒劈山，陆续定居于此，原名渐渐失去意义，且听之也太过瘆厉，后人巧妙地依谐音改为"郎茂山"。一字之差意义却迥别千万里，"郎茂山"一名遂沿用至今。

尽管郎茂山与千佛山相距只有五六公里，很明显，郎茂山的名气远不如前者，更何况二山之间还有一座英雄山风景区已开发完备，与千佛山一起吸引、分散着众多游客。郎茂山，这座近乎铆钉形状的山体公园与正对面的七里山和山下的兴济河相邻相伴，无论淡季旺季，她依然忠诚而沉默地守护着这座城，守护着这座城市的居民。

郎茂山小区系沿郎茂山而建的一座老小区。从山底开始回旋曲折，小区也依次规划为四个区，站在第四小区的建筑物之间抬头仰视，我们会隐隐看见一辆辆汽车、一幢幢低矮的楼房似乎悬挂在天上，又仿佛镶嵌在丛林深处。这片旧城区始建于20世纪八九十年代，原先是工人宿舍，历经20

多年，期间住户曾因交通不便一度迁出；进入新时代后，随着人们对生态城市、康养城市的追求越来越浓烈，这两年小区的住户慢慢竟只多不减。

可毕竟年日长久，小区城墙已呈现出颓旧的暗红色，一些绿油油的藤蔓顺墙体攀缘而上，遮挡了整面墙体，显得营养富足、生机勃勃。多幢楼房的楼道窗户在山风的"照拂"下，其边角已陆续剥离木框，山中风多，窗户便时常摇摇晃晃的，看上去不很牢靠。还有的干脆无窗，因着楼道的透气，山风可门户里外，随意冲闯。这样一来，夏季确实蛮凉快；一到冬天，山风呜呜作响，令整个小区更添寒意。用当地住户的话头讲"这里的居住硬件不是很好哩"！

我第一次与郎茂山相遇，正逢一个夏日的夜晚；我从未曾料想，正是这次眼缘，日后我将长期在此驻足。那个时节如若在农村老家，恰是乡邻聚众纳凉的好时候。当我一步一步走在蜿蜒的路径上，心中越来越诧异这里竟不似居在城市那般喧嚣和冷漠，反而显得一派静谧和亲切。路边石台上常常可见一些老头儿、老太太闲适地坐着，手拿的一把摇扇间或摇一摇以驱赶蚊蝇，他们纷纷用好奇而柔和的眼神打量我这样一个外来客，那目光似乎在询问；之中也有的像对老朋友那样朝我熟稔地点点头，我微笑以回应。越往上走，快到山脚的地方，路过一处公办的幼儿园。一对年轻爱侣，怀抱着一个稚嫩孩童迎面走来，孩子时不时发出咯咯的笑声，那轻快舒朗的笑声在山林间缓缓传送。一位手工艺人从路灯下支一个摊，他用那些看上去很有年岁的老物件正在锔什么家什，也不赶活，自觉累了，便从椅子上歇一歇，抿一口茉莉花茶。一只卧眠的花白野猫听到来人的脚步，从一辆黑色的桑塔纳轿车车顶警觉地立起，见无人理睬自己，便放松而优雅地伸了一个懒腰继续安睡；还有遛狗人士正被手上拽紧的绳链牵引向前……"阡陌交通，鸡犬相闻；黄发垂髫，怡然自乐"，不知为何，我蓦然生有"世外桃源"之感。

于我，这原本只是一场随性而走的出行，但与郎茂山的这次邂逅竟让我流连忘返。没过多久，眼看济南市房价渐趋稳定，我和家人最终按捺不住，着急选定、过户了郎茂山小区的一套二手房。装修加固后，白天，我终于可以倚在郎茂山自家阳台的懒人椅上，面朝青山静静看书；累了，那窗前的满眼青翠随风摇曳，带来不远处郎茂山的问候。当绮丽的晚霞从房子四周青色的山头像花儿一样悄悄绽放，百鸟归巢，山林趋于安静，那座静静屹立的青山似乎呼唤着我"到山上转一转儿"。

从紧邻小区的公园东北门拾级而上，走百八十阶，便是半山中一处空旷的平台，极目远眺，山下的景象就像小半幅流动的《清明上河图》平铺眼前，极富生活气息，场景又蔚为壮观。凭栏而立，阵阵晚风袭来，像母亲轻柔的手和低声呢喃。在屏息凝神间，郎茂山的夜晚如期而至。那洒满星子的天空，发着耀眼而璀璨的星芒，顺山势矗起的一根根照明灯仿佛融成星空的一部分，与山下星星点点的万家灯火遥相呼应，我知道，又一个祥和温馨的城市夜晚，来了。

郎茂山居记

魏　新

济南南，有小山，名为"郎茂"。据说，当年此地野草丛生，偏僻荒凉，沟峪山洞中有狼栖居，故称"狼茂"。国共内战时，为军事要塞，曾筑有堡垒。20世纪80年代初，兴土木，建小区，人烟至，炊烟起。现如今，经几度枯荣，虽不算繁盛，却也楼林立，人喧嚷，属市中区，在外环内，狼的踪迹全无，天一黑，山坡上全是遛狗的人，走路不低头，常走狗屎运。

我于2009年迁到此处。当时买房，转遍许多新楼盘，都觉得不甚如意，不是小区太大，便是钱包太小；不是楼层太高，就是地势太低。县城长大的人，对高楼林立、人群密集之处有天生的畏惧感，又一直不会开车，平日在城市里就迷路，一进那些像是城中城的小区，简直是迷中迷。还好，有位朋友介绍到郎茂山这边，山腰上，小区不大，共六座楼，人少，路窄，弯多，幽静，我一见钟情。

出了小区门，就能上山。山不高，步子快的话，一刻钟就能登顶。上

郎茂山一角

山的路有很多条，东西南北都修了台阶，山不陡，不走台阶的话，随便找一处，扒着石头，踩着荒草，也能上去。山顶有长廊、凉亭，一条平整开阔的路，还有一些健身器材。每天清晨，都有很多锻炼身体的人，有的爬到山顶，找一空旷处喊山，用尽所有力气，既像大侠空谷传音，又如公鸡早起打鸣。因此，想睡个懒觉，晚上必须关窗，否则会被自动叫醒。尤其是夏天，天蒙蒙亮，就能听到喊山的声音。有次小区的离山最近那一户被喊醒，忍无可忍，跑到阳台上，冲山顶大骂。山顶的人听到后，也不喊山了，冲山下回骂。你一句，我一句，毕竟有段距离，声音传输略有延迟，所以，节奏十分有趣。好像是你骂我，我耐心听完了，再骂你，你耐心听完，再骂回来。双方又只能动口，无法动手，按回合制，骂尚往来，颇有君子古风。

　　小区下面，是大片老居民楼，即郎茂山小区。这是济南集中建设的最早的最大的小区之一，分北区和南区，里面的路错综复杂，人五花八门，四处散发着浓郁的市井气息。

　　贯穿南区的一条斜上坡，两边挨着好几家小卖部。我一去大超市就心慌，尤其受不了在收银台前排队，因此，平常的生活用品，都是在这里买。

这几家小卖部风格不同。我开始总去一家夫妻店，两口子尤其热情，每次不管买什么东西，他们都会替你算一笔账，结果总是——你买的比别的地方都便宜。就算是买包方便面，他也会眨着眼睛告诉你：他们卖的方便面里面多含一个卤蛋，别的地方是没有的。时间长了，我心里产生了深深的歉疚，觉得这样下去，过几年，我欠人太多，难以偿还。再买东西，只好另换一家小卖部。

新换这家小卖部的老板是一名中年男子，精瘦，嗓门细高，话不多，身手特别利索，要条烟，不用再多说，他便连烟带找零一同拿来，递给你。他还是一个特别快乐的人，经常能听到他大声唱歌，民族唱法，比如《小白杨》《说句心里话》之类的，一边开演唱会，一边经营杂货："一颗呀小白杨，长在高岗上……你要啥？"

"来包'白将'。"

"好嘞……根儿深，叶儿壮守望着北疆……"

还都能接上。

偶尔，也会遇到一些小麻烦，但他有特别巧妙地化解方式。有次，一个大老爷们儿去他这里买鸡蛋，称了一袋，放在电动车前面的筐里。此人估计平常很少买鸡蛋，骑上车，不到五米，鸡蛋就颠碎了好几个，停下来一脸郁闷。他在小卖部门口喊："没事，回家也得磕！早磕了省事！"

那一刻，我真觉得他是一个哲学家。

小区的菜市场更为热闹。早晨有各种早点摊：包子油条、煎饼果子、炸肉盒、肉夹馍，最火的是一家牛肉烧饼，每天都排着长队。烧饼是现烤的，煮好的大块牛肉放在一个铁桶里，冒着滚滚热气，卖烧饼的把牛肉一块块从桶里取出，放到案板上，用刀剁碎，再把刚出炉的烧饼从中间划出一道口子，将剁好的牛肉夹进去。牛肉最好是七分熟、三分肥，烧饼用老面发酵，皮酥脆，瓤微酸，和肉汤交融在一起，咬一口，奇香无比。

有段时间，我几乎每天在这里买一个牛肉烧饼，从五块钱涨到七块钱，生意依然火爆。后来有几次，我在排队时发现，偶尔会有来买烧饼的，是卖烧饼的熟人，不管队排了多长，卖烧饼的都会优先给他们，这让我感到不太舒服，就很少再去，再想吃牛肉烧饼，宁可去四五公里远的回民小区。

或许是因为对平等和秩序的要求过于强烈，我难以容忍这样的事。让我感到欣慰的是，36路公交车的始发站在郎茂山，每天，公交站牌，人们都在整齐的排队。我不知道在济南这座城市，自发排队上公交车的站点还有多少，希望以后能够越来越多吧。

小区的大路边，还有一个修自行车的小摊，修车师傅浑身黝黑，摊边常年摆一副象棋，棋盘为木板所刻，和棋子一样，裹着一层黑色的油浆。修车的人不见有多少，却常年围着一圈下棋的人，都是四周居民，修车师傅有时也亲自上阵，袖子一捋，就坐到了马扎上。他们的棋局往往开始就是一通拼杀，杀得睁不开眼，等棋子剩下一半时，才开始点上一支烟，仔细斟酌。围观的人也经常支着儿，给一方支完给另一方支，支着儿的之间互相不服，干脆胡拉了残局，抢过马扎坐下，重下一盘，又在众人的支着儿中，拼个你死我活。

没事时，我从这里路过，会停下来，看一盘，比在网上下棋好玩多了。有时候想，自己将来退休了，就到这里来锤炼棋艺，实在是其乐融融的事。

就这样，我在郎茂山已住了六年。尽管没有上过几次山，但吹着山风，望着山景，闻着这座山的气息，看着这座山的枯荣，仿佛也听到了这座山的心跳。

有山相伴，人能找到高处，有人相邻，山也不会孤独。

有年春节，父母从老家到济南过年。除夕夜，到了12点，我和父亲到郎茂山的山坡上，俯瞰着满城焰火的济南，绚如夏花，灿若星辰，那一幕，似乎在童年的梦里出现过。

我成长的那个县城地处平原，在到济南之前，我从未见过山。因此，从我打算留在济南之时，就想买一套离山近的房子，不光离山近，还要离

黄彬　绘

人近，和自己熟悉的生活相近。住到郎茂山后，我发现，一切都很近。

自己，和另一个自己也很近；异乡，和故乡也很近。

走进郎茂山　独览一城山色

孙式建

我家所在的小区紧挨着郎茂山，济南市区最大的一座开放式山体公园。最近一段时间，每天早上都到山上溜一圈，已经成了我生活当中不可或缺的一部分。

山不算高，也没有什么名胜古迹。上山的时候，总是让人汗流浃背、畅快淋漓。也许是每天都上山的缘故，多少有些轻车熟路，所走的路也好像逐渐地短了许多。路上的风景也没有什么奇特和宜人的，到处都是北方常见的松柏树和蒿草、野艾和酸枣们组成的灌木丛，高矮相间分不开来，组成了山寨版的"城乡二元化"结构。半山腰有一个平台，倒也可以在中

郎茂山公园入口

途稍微休息片刻，喘上几口粗气，然后继续行进，一直到山顶去感受那种风清气爽、豁然开朗的山川秀丽之美。

"殷勤昨夜三更雨，更得浮生一日凉"。若是在夏日的雨后，山林里便散发着松柏树叶和野草混合的清香之气，不时地会有大的雨滴从树梢坠落，偶尔会惠顾一下打此间路过的行人的衣衫。如果稍微留意的话，在路上你还会看见有蜗牛在急着过路，有蚂蚁在忙着搬家，有狗儿在叫着喊自己的主人早点儿回家吃早饭，还会有一束束阳光透过松柏树照射下来，把斑驳的身影留在一个个并不怎么光滑的台阶上。这时你会不经意地想到"返景入深林，复照青苔上"。山间四时分明，且有着各类的应季野花泛香，这可忙坏了满山勤劳的蜜蜂，各色的蝴蝶也翻飞曼舞着，倒却比"能力大了责任大"的蜜蜂清闲许多。

记得唐伯虎有一首写登山的诗很有意思，诗中这样写道："一上一上又一上，一上上到高山上。举头红日白云低，五湖四海皆一望。"尽管诗的开头两句感觉平平乏味儿，后边两句却是意境全出，将登顶的气魄、境界和豪迈情怀和盘托出，不禁令人称赞。当然，这也是写文章"文似看山不喜平"的一个成功案例。其实不管山高还是低，这种古往今来登山的感触却是很让人心有灵犀的。当我们一步步登山的时候，就是要去山顶才能感受到那种小小的成就感。这种小小的成就感不一定非得是"天到天边天作界，山登绝顶我为峰"的王者风范，也不一定是"会当凌绝顶，一览众山小"的英雄气概，但却也可以为平淡的人生和平凡的世界带来一丝斑斓的色彩。

在清晨登山的路途中，自然少不了喊山的声响。一条崎岖不平而又峰回路转的山路上，时不时地会有晨练的人们喊上一嗓子，即便是相隔不远，你也猜不出是谁喊的。喊山的形式也是不一而足的，有的人是在抒情地歌唱，还有的是在朗诵毛泽东诗词。"空山不见人，但闻人语响"，"久有凌云志，重上井冈山"在这里也就成了理想当中亲近大自然的浪漫写照。但在现实生活中，这里非但不是一座"空山"，而且有着极高的人气和亲和力，虽说不是熙熙攘攘的景象，却也随时随地都有人来人往的迹象。

　　山脚下的小广场上练太极拳和打腰鼓的是年纪稍大的大爷大妈。还有一些提笼遛鸟的，笼中的鸟儿和山上的鸟儿叽叽喳喳吵个不停，好像是在向彼此倾诉着各自生活的优越感。鉴于"三观"不同，外人也不好过多地妄加评论。一到山顶，便可以看见左首翼然而立的仿古亭子，亭子旁边便是一队伴着现代流行歌曲做健身操的中年人。他们做的操很有律动的节奏感，总能让人自觉不自觉地参与进去，舞动起来。于是，他们的队伍也在逐渐地"发展壮大"起来，每天早晨都会看到各个年龄段的"准队员"们站在一侧学着做，他们也正是以快乐的心情与欢快的舞步来迎接这个城市新一天的到来。

　　山顶的小广场上或高或低地安满了各类的健身器材。如果早上时间宽裕的话，我就按照从易到难、循序渐进、成熟一个发展一个的"套路"一个接一个地练一遍。有时候，我也会为压腿的高度抬高了几厘米，抑或是多做了几个仰卧起坐而在内心里感到一丝油然的欣喜。尽管是搬来小区有七八个年头了，直到这时候，我才明白一个道理：晨练，就好比是我的爹娘一大早就要扛着锄头去田里锄草一样，是极为符合"日出而作，日落而息"的自然规律的。

　　也许是因为上班时一整天都坐在电脑跟前的缘故，我曾有很长一段时间一到晚上就睡不着觉。有一次听报社的一位朋友说是睡反觉了，当时我还不以为然。后来看报纸，说陈赓大将也曾因疗伤白天经常睡觉之故，有过长期失眠，很是令他烦恼的一段经历。这时的我才恍然大悟，打那以后，我就不敢睡午觉了。再到后来，就开始天天早起登山晨练。你还别说，只要是早晨锻炼了，浑身的筋骨就能伸展开来，晚上睡觉也就更香了，也比以往更有精气神啦。

　　当然，山顶的风光还不仅仅局限于眼前，也不单单拘泥于脚下。放眼开来，还可以看见远处那层层叠叠、连绵不断的小山，就像一个长长的屏障，围着济南市区绕了大半个圈儿。对，这或许就是传说中的"层峦叠嶂"吧，有的地方你甚至可以清晰地看到有四到五层的叠加的山影，就那么忽高忽低、或近或远地拉长着人们的眼光，开阔着人们的视野。

　　然而，绝大多数的小山，我并不知道她们姓谁名谁，更不知道她们的身世。但有一点儿我可以肯定，她们都是泰山北麓的余脉，就好比是泰山的子孙后代，相互环抱着、搀扶着、屹立着，而泉城济南便躺在这些个小山的怀抱之中。这时候，我不免会想到"泰山不让土壤，故能成其大"的至理名言，也难怪泰山会成为五岳独尊，这与她的雄伟、浑厚、庄严和大气是密不可分的。

　　也正是这些个小山，曾在老舍笔下的《济南的冬天》里扮演过重要的角色，也共同成就了唐朝诗人李贺《梦天》里的"齐烟九点"。尽管这部写实版的"影片"最终没能去角逐奥斯卡，也没有被评上什么最佳女演员，但在泉城市民的心目中，她们就像邻家的小姐姐一样淳朴善良、清新可人，这种感觉和情感对于当地人来讲，是丝毫不亚于"印象丽江"里那位刘三姐的。"他们一看那些小山，心中便觉得有了着落，有了依靠。"老舍先生这话说得真是再贴切不过了。

　　如果这些小山身居荒郊野外的大山深处，也许并不会引起人们过多地在意。而恰恰是这些个小山与泉城济南太贴近了，就像是彼此爱慕与倾情的一对恋人一样，融合在一起，城中有山，山边有城，生生世世，永不分离。也正因为泰山北麓特殊的地理环境，才造就了济南七十二名泉的源远流长、生生不息，这不能不说是大自然对这座城市情有独钟的最大恩惠了。至于山与城的旷世之恋是否有过"上邪，我欲与君相知，长命无绝衰"的山盟海誓，是否也有过轰轰烈烈的传奇爱情经历，我们就无从知晓了。如今，一切归于平淡，也就这样，让一城山色走进了一城人的生活，让一城人走进这一城山色之中。

　　"远看山有色，近听水无声。春去花还在，人来鸟不惊"。我想，这不仅仅是画中才有的意境吧，这种真真切切的感触就在我们的生活里，就在我们的睡梦中。

郎茂山，一个勾起无尽遐想与思念的地方

赵寅辰

济南是个多山的城市。

千佛山、英雄山等市民耳熟能详。

鹊华烟云的鹊山和华山，元代元曲代表人物张养浩常来常往的凤凰山和标山，在市区西北方向矗立着太白读书处的匡山，因盛产一种药用价值很高的石头而得名的药山，还有卧牛山和粟山，北马鞍山等列入齐烟九点的名山像一座座星座镶嵌在齐州大地。

其实，济南的山远不止这些，与四川峨眉山同名的西郊峨眉山，济南西部众山之首的腊山，包含丰富故事的白马山、马武寨山等山组合在一起构成了济南多山、多名山的架构。

在济南市区南端的二环南路北端、七里山西路和郎茂山路之间坐落着

郎茂山风景1

一座有故事的山——郎茂山。它曾经是济南战役的战场，留下了先烈的鲜血。如今烈士流血的地方已经成为济南南部最大的市民休闲、健身、娱乐的公园，人们在健身休闲的同时追思着先烈为人民立下的不朽功绩。

郎茂山这个字眼第一次进入我的视线是四十多年前，我所住的街道有一位李姓长者，他的工作服上印着济南石料厂的字样。一次在听李大爷与街坊们闲聊中得知他的工作单位在郎茂山。这是我第一次知道济南有个山叫郎茂山。

我第一次去郎茂山那应该是20世纪70年代的事了。那时居民住的地方还没什么居民小区，多是住在街道的平房里。我们住的街在围子外，那时街上还有些许空地闲地。我家门口一大片地由一位人们称他"李三"的李姓爷爷种着，既种麦子又种棒子（玉米），有时我们玩捉迷藏往里藏，踩倒了庄稼还会招来李三爷爷的痛骂。

我爷爷也喜欢种地，他还挖了一口井，在井边栽了一棵杨树，据说那棵杨树现在还有，1958年到现在整整62年了。从井边到地边挖了一道长长的地沟，从井里打上水通过地沟流到田地里。

郎茂山风景2

后来，人们开始意识到盖房子了。谁家有块空地谁就想盖成间小屋，谁附近处有点空间谁就想垒起个院墙。盖房盖屋成了街道上的一个潮流。盖房就需要石灰，那时生产石灰的场子就在李大爷所在的石料厂，就在郎茂山。记得还是通过李大爷的关系先开出了票，我们拿着票据，拉着地排车去郎茂山取货的。

记得，我们从现在的建设路大桥东侧，进入石料厂场区，其场面令人胆战心惊，乱石飞舞、噪声灌耳、尘土飞扬，看看哪个工作人员都是灰头土脸。装上满满一车干石灰，下山更是心惊肉跳，稍不留神就有栽到沟里去的可能，尽管石灰厂是在偏山脚下的位置。

从那以后，我从郎茂山路南北向走过无数次，也从郎茂山北侧的刘长山路东西向来往的次数数不胜数，但郎茂山的山边我是一沾都没沾过，几十年前的那一次就给伤着了。

当41路公交车把郎茂山设为始发站和终点站的时候，郎茂山又开始闯入脑海。后来那附近建了居民小区，不时有熟人住进了郎茂山小区。近几年开始治理破损山体，绿化破损山体，郎茂山广为人关注起来。

媒体不断爆料，人们的口头禅也把郎茂山挂在了嘴边，可我始终未能

郎茂山风景3

光临一次。当然这其中不乏缺少时间的缘故。

虽然自己已是退了休的时间上自由了的人了，但退休后老爸老妈都进耄耋之年，照料他们成了最最最重要的事。尤其是老妈卧床四年，脑萎缩造成痴呆意识不清，完全靠人照料，所以根本无暇考虑去郎茂山了。

老妈去世后的这几个月，一直从极度的悲痛中不能自拔，不少亲朋好友都对自己进行开导劝说，但对这些道理明白得不能再明白的自己，也曾用这些道理劝说过别人的自己，在遇到事时的自己却成了榆木疙瘩，迟迟不能开窍。

多亏一位邻居大姐告诉我，郎茂山现在建得可好了，风景好，漂亮。老人孩子去的都很多，你一定要去那里看看也散散心。

一位旅居洛杉矶的赵姓大哥，清明节前写了一篇纪念母亲的文章。"母亲高大的如山河日月永恒，母亲的精神境界宛如大海那样广阔深邃，我们兄弟姐妹对母亲的怀念长长久久，直到永远。我深信，在无垠的天际中，一定有一颗闪闪的星星在注视着我们，庇佑着我们，关心着我们，这颗星就是我们的母亲"。

文章还有一句话对我触动更大，"终究有一天，我们也都会去天堂和母亲相会，永远的和母亲拥抱，并感谢母亲给了我们生命，给了我们幸福，给了我们用之不竭的智慧"。

人生如同列车，有始发站就有终点站，其过程人皆有之。我决计听从邻居大姐的好言规劝，抽空去郎茂山看看，也是对我父母的一种思念，我人生第一次去郎茂山拉石灰时，就是我与老爸老妈我们三人去的。

郎才女貌之郎茂山

荣士友

郎茂山在七里山街道辖区内，紧邻二环南路，传说它还有一段凄美的故事呢！

它不像千佛山以佛为名，也不像七里山以地域为名，更不像青龙山以龙为名。它却是以一对恋人为名。据说从前有一对恋人，郎才女貌，可是美好姻缘受到父母的阻挠，两个恋人不能成眷属，最后双方郁闷而亡，竟变成了一座青山。人们为了不忘这对郎才女貌的年轻人，就把这座青山叫作"郎貌山"，后来就演化成郎茂山了。看起来这事虽然带有穿凿附会的嫌疑，但它却表达善良人们的美好愿望。

如今，郎茂山周边楼群林立，人居兴旺。有关部门投巨资已把郎茂山改造成为美丽的山体公园。如果你登上山顶，放眼望去，你会惊奇地发现，大大小小的七个山头的排列布局，竟然像天上的北斗七星一样连接在一起。它们多么像老少一家人啊！你就会不由自主地对这座美丽青山公园产生浓厚兴趣，一睹它的芳容，探索它的奥妙。

踏进气势宏伟的山门牌坊，登上盘道。七个山峰都有石阶盘道相连，你如果有兴趣，可以踏遍"北斗七星"，把3210多级石阶踩在脚下。你会发现，每个台阶宽米许，高30厘米左右，砌得平平整整。台阶上上下下，弯弯曲曲，在悬崖陡壁处呈多重"之"字形，字脚之处有平台，可供人停脚喘息。脚踏石阶可得留神，要小心翼翼，一张一弛，才别有情趣。

泉城济南向来以湖光山色著称，而在松柏浓密的郎茂山公园，你同样可以领略到山之秀、水之美。郎茂山上的景观水池里的水平如镜，你看那众多景观水池的造型，是那样的别出心裁，如波浪、如半月、像如意、似乾坤……形式多样，变化多端，会引起人们丰富的联想，让人惊叹不已。

郎茂山公园的绿化特别有特色，除栽种了大量的花木景观树木以外，给许多树木还都垒砌了鱼鳞墙加以保护，成为一道亮丽的风景。同时，还因地制宜，随山就势，建造了许多景观小品，如小品长城等等。

传说、凉亭、石阶、水池、长城、鱼鳞墙等等，就像一出大戏里的折子戏一样精彩，你在此晨练休闲的同时，也会感受到巧夺天工的艺术之美。

当你走过建有金碧辉煌的古园林建筑的楼阁与长廊后，在最高峰上呈现眼前的是硝烟散去的古战场遗址：战争地堡、解放济南形势图与粟裕、谭震林等领导人简介等等。这里又成为爱国主义和革命传统教育基地。

"卧龙"的传说

荣士友

民间流传的故事，都是民族文化宝库中的重要组成部分。讲完了郎茂山的故事，不妨接着听听"卧龙"的传说。

济南市市中区地处济南老城中心，历史悠久，遗迹众多，文化底蕴丰厚，在民间流传着许多诸如历史故事、人文故事、地域故事、神话故事等等，口口相传，俯拾皆是。其中，在七里山街道辖区的卧龙社区，民间流

卧龙社区一角

传着"卧龙的传说"故事，就是一例。

大凡一个地方的名字，不是凭空而来的，大都有一定的来历或者意义在里面。我所居住的卧龙花园，在高大的门柱上曾有一副这样的对联："青龙山下龙脉好，卧龙花园龙子多"。我想，居民小区为何以"卧龙"冠名呢？就到民间去考察访问，原来这里面有一个美丽的神话传说呢！

卧龙花园属于市中区七里山街道卧龙居委会，位于青龙山东麓。这里环境优雅、人杰地灵，被誉为卧龙之脉、风水宝地。在民间，卧龙的故事广为流传。

相传青龙山上有个很大很大的龙洞，这龙洞深不见底，直通东海。东海老龙王常常来会一个德高望重的老者。这老者有何来历？原来这老者是当地黎民百姓十分爱戴的父母官。因为他爱民如子，体恤百姓，关心民生，与老百姓情深义重，血肉相连。他重视农桑，兴修水利，物阜民丰，让百姓过上好日子。因此，深得东海龙王的敬重。

话说这位父母官，年事已高，就辞官告老还乡，择居在青龙山的东麓，颐养天年。他每当用餐时，常常想到龙王爷眷顾百姓的恩泽：逢旱降甘露，风调雨顺，百姓安居乐业。他就在饭桌上置两双筷、两酒盅、一壶酒，向着东海深深地遥拜。每当此时，老龙王就会从龙洞出来，化作一长髯老者，来与之相会对饮。杯盏交错，谈论甚欢，老龙王往往乐而忘返。

酒逢知己千杯少，老龙王每次都是尽兴而别。可是，老龙王却不胜酒力，辞别后，常常醉卧山麓，长睡不起。久而久之，奇迹竟出现了，就在其醉卧处，渐渐地长出了奇异的青草来。别处的草不发芽，这里的草先发芽；别处的草枯萎了，这里的草却郁郁葱葱。偌大一片草地的形状酷似那老龙王：看那龙头、那龙体、那龙尾、那龙爪，还有那龙须，栩栩如生，活灵活现，与那老龙王毫无二致。当地的老百姓发现后，都说这是龙身所化，就叫之为"卧龙"，也有叫它"草龙"的。

无巧不成书。草龙向南一剑之地，有个酷似龙王形态的巨石，老百姓叫它为"石龙"。这石龙有何来历呢？据老人说，石龙也和这个告老还乡的父母官有关，这里面也有一个感人至深的凄美故事。

据说这位深为百姓爱戴的父母官，高寿150岁之后，竟无疾而终，就葬于青龙山下。

日月穿梭，光阴荏苒，过去了不知多少时日。东海老龙王很久很久没有感应到老朋友的信息，因思念故己深切，就又从龙洞出来，来到老朋友处，却不见了故人，呈现在眼前的竟是荒草萋萋的陵墓！老龙王不知道老朋友早已故去日久，心中十分悲戚，不能自抑，竟潸然泪下。顿时，天空乌云翻滚，电闪雷鸣，大雨倾盆，下了一个时辰不止。在一个响雷过后，竟出现了一个奇迹，人们发现，在陵墓不远处竟出现了一个"石龙"。你看那石龙活灵活现，和老龙王一模一样。据传说，这个石龙也是老龙王的化身。

"石龙"和"草龙"，双龙相护，成为当地吉祥富贵的象征。二龙之并存，成为风水宝地，有人在此安家，渐渐形成了个大村庄，人称"双龙庄"。现如今，双龙庄内常常有古迹文物被发现。笔者曾到该村做调查访问时，发现有三尊石兽和一尊很大的赑屃（赑屃：即人们常说的驮碑的大石龟），还看到有一个很大的石羊站立在街口的一家商店门前，身上还写有"电话"二字，成为古物新用、别致新颖的广告牌。

我想，不知道这双龙庄的古迹文物与卧龙的传说有什么关联呢，这或许是一个巧合吧。

黄彬　绘

激情燃烧的青春岁月

七里山"老兵"党支部的故事

王经超

在七里山，有这样一个群体，他们有一个共同的名字——退役军人，他们有一个共同的身份——共产党员。他们每个人身上，都有着太多太多的精彩故事，讲也讲不完、说也说不尽，究竟该从何说起呢？那就从2020年春天的那场"疫情"说起吧！

2020年初，一场新型冠状病毒感染的肺炎疫情蔓延一座座城市。七里山中路北路口是七里山南村片区因疫情防控封闭后的唯一出入口，七里山街道城管科有3名工作人员在此路口疫情检查点驻守。他们有一个共同的身份，退役军人党员。

"三个兵一个哨"的故事，就发生在这里。

一声号令，他们集合在哨位

2020年1月24日，济南启动重大突发公共卫生事件I级响应。张志芬、叶鹏、张桐放弃春节假期，主动请战，提前返岗。2月1日，根据街道党工委统一部署，决定对辖区所有开放式小区封闭管理，张志芬、叶鹏、张桐被分配到七里山中路北口疫情防控检查点。

张志芬、叶鹏、张桐

张志芬，47岁，退役军人党员，党龄25年，兵龄16年；叶鹏，46岁，退役军人党员，党龄23年，兵龄4年；张桐，39岁，退役军人党员，党龄19年，兵龄3年。

在这场没有硝烟的战役中，他们集合在社区一线这个特殊的"哨卡"。

一道防线，不漏一车一人

"您好！请出示出入证。"张志芬驻守七里山中路北口疫情检查点严

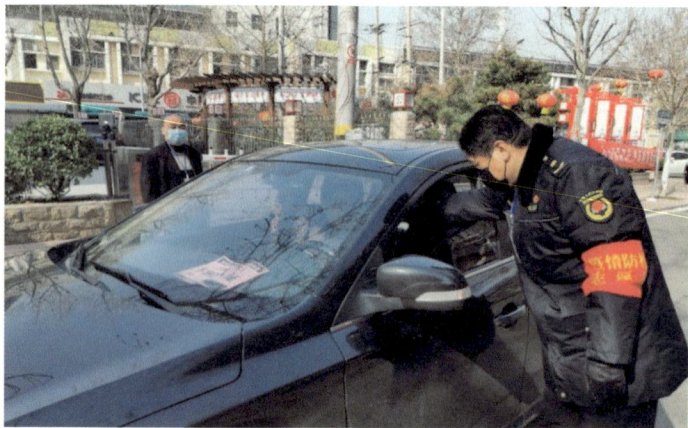

张志芬对车辆进行检查

格检查，不敢有丝毫马虎。七里山南村片区有109栋住宅楼，5500户1.8万余人，疫情防控工作压力巨大。

张志芬带队将防疫工作人员分为三个小组，一组负责车辆检查，一组负责人员检查，一组负责证件办理。对于没有出入证的人员、车辆一律不准进入小区。

"我的任务就是坚决守住社区一线防线，排查不漏一车一人！"

"不漏一车一人"，是口号，更是担当。

一次巡查，骂不还口打不还手

"您好，请戴好口罩，不要聚集。"叶鹏在驻守七里山中路北口检查点的同时，还担负着在小区内巡查的工作。

在一次晚间的巡查中，叶鹏发现一名醉酒人员在自家楼下吵嚷，自己未戴口罩还引起几名群众围观。叶鹏立即上前劝说醉酒人员，并劝离围观人员。醉酒市民不听劝阻反而变本加厉谩骂殴打叶鹏，叶鹏始终克制，做到骂不还口打不还手，直至警方到达处理。

"疫情防控是重中之重，为避免事态进一步扩大，受点委曲没什么。"骂不还口打不还手，是心胸，更是责任。

叶鹏在小区内巡查

一次任务，他秉公不念旧情

张桐在小区内巡查

随着春节后复工潮的来临，张桐又增加了巡查小区"九小场所"的任务。

2月19日晚，张桐发现小区内一家火锅店无报备私自营业，无消杀、人员体温测量登记记录，而且有4名人员在店内聚集就餐。张桐向店内人员讲明政策，并责令其立即停业。店主与张桐相识，又找来朋友讲情，张桐仍向街道汇报，并与赶来的工作人员一起将店内物品封存，将店门贴上封条。

"大疫面前没有特殊，一个点的疏忽会影响所有的人。"

秉公不念旧情，是公正，更是使命。

一份坚守，他接受组织考验

宗杨是老兵党支部成立后发展的第一批入党积极分子。社区疫情防控一线人员紧张，他在做好热线、宣传内勤工作的同时，晚上到辖区24小时值守点值守，经常是白班夜班连轴转。

郎茂山小区四区一名重症老人每周三次要到医院做透析治疗，小区道路封闭后唯一的出口，台阶陡峭，轮椅无法通行，每次他和同事们都前往帮忙抬送。

"支部党员们给我们做了榜样，危难关头没有工作岗位之分，让党组织在疫情防控一线考验我们！"宗杨这样说道。

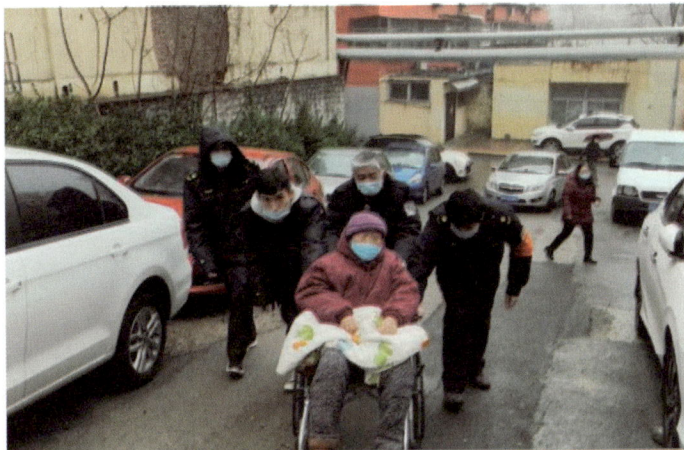

宗杨帮忙抬送一名老人的轮椅

后记：一枝一叶总关情

一枝一叶总关情，一点一滴见初心。这只是全国抗击疫情一线千万个坚强"堡垒"的缩影。"省级领导、区组织部领导来小区视察，都对七里山"老兵"党支部疫情防控工作给予了肯定和赞扬！"言语间，掩饰不住他们内心的自豪。

"疫情不散，我们不退！"他们将军人精神践行在防控疫情工作中，让党旗在防控疫情斗争第一线高高飘扬。

一枝一叶总关情

黄彬 绘

张心侠祖孙三代向世界讲述中国好故事

荣士友

让世界了解中国，让中国走向世界。中央电视台外语频道面向全世界，它是我国对外宣传的重要窗口。正值新中国成立70周年时，央视外语频道策划了专题栏目《家国70》，让中国普通老百姓向全世界讲述家与国的动人故事。

阳春三月，万物复苏；花开鸟鸣，欣欣向荣。央视外语频道摄制组一行，风尘仆仆来到济南市市中区七里山街道卧龙花园小区的居民张心侠老人家中，进行了3天的紧张采访拍摄。拍摄的主要内容是由张心侠和儿子、孙子一家三代人，分别讲述《家庭档案》中记载70年来的发展与变化。

张心侠老人接受采访时说："我叫张心侠，今年90岁啦。今年是新中国成立70周年，我是1949年参加工作的，到今天也已70年啦。我家的五十五盒《家庭档案》2000多份资料，小到一条毛巾，大到一套楼房，都

张心侠

记载得清清楚楚……"

张心侠是个有心人，几十年来收藏各种大量资料，他被人们誉为"资料达人"。多年来，除了家藏资料外，他还向不少单位无偿捐献了许许多多宝贵资料。其中，仅向省图书馆一次就捐献了4000多份资料，向山东档案馆捐赠的计划生育资料1000份，并填补了一项馆藏空白……

家庭账本

改革开放后，他开始记家庭账本。他说改革开放前的1977年全家收入是2000元，到2017年全家收入29.7万元，改革开放40年，他家的经济收入增长了136倍。

作为张家老、中、青三代人中的中年人张立武，经历了改革开放整个过程，对家庭发生的变化感受极深。一块手表、一辆自行车、一台电视机、一次次聚餐、一页页账本的花销……他都生动详细地讲了改革开放给他家带来的变化，讲述了一件件事情背后的故事。

张心侠的孙子名叫关兰亭，有人会问：孙子为啥是"关"姓？这里面有个身世小插曲。张心侠出生于"关"家，被张姓养育。张心侠决定让第三代认祖归宗，改为关姓。作为第三代的关兰亭是个帅小伙子，浑身洋溢着新时代气息。他接受采访时，讲述了自行车、摩托车、再到他的漂亮轿车的生动故事。

恩格尔系数

摄制组把镜头对准了张心侠老少四代人吃饭的场景，引出了饭桌上的故事。中国人有句老话说"民以食为天"，吃饭是人生存的必要条件。饭桌上的变化成为张家富裕的标志，老人对此也很有研究。

张心侠老人知识渊博，并且具有远见卓识。他把吃穿与国际上的恩格尔系数联系起来。什么是"恩格尔系数"？恩格尔系数是国际衡量一个国家民众富裕程度高低的标准，即在总收入中用于吃饭等基本生活开支所占的比例。占的比例越高，说明越不富裕。反之，恩格尔系数越低，说明越富裕。

张心侠在40多年的生活账中，每年都列出恩格尔系数，一年比一年低。有资料显示，2017年济南居民的恩格尔系数是23.5%，而张心侠家的恩格尔系数却降到了6.5%。

家事连着国事，一个家庭的富裕不仅反映了社会的进步和时代的发展，更见证了具有特色社会主义祖国的繁荣与富强。张心侠老人的家庭，是泉城济南众多家庭的一个缩影，具有代表性和典型意义。

老八路王汇川家的一件宝物

荣士友

七里山街道郎北社区老八路王汇川家里，珍藏着一件宝物：一把军用水壶。说起这件宝物的来历，还有一段鲜为人知的故事。

王汇川离休后，不忘当年那段战斗经历和战斗过的地方。2001年，他

王汇川手拿军用水壶

重走抗战路，先后从鲁西到沂蒙山，走访了许多地方。

他来到鲁西有名的抗日战场——陆房胜利突围战场。他受到山套村郝英先等村民们的热烈欢迎。大家得知当年抗战的老兵回来了，十分亲热地问长问短，共同回忆起那场惨烈的战斗。

王汇川说："在当年陆房突围战役中，日军向我军的阵地发射了8000多发炮弹。郝英先的房顶上也落了一颗炮弹，把房子炸塌了。我抗日英雄战士不怕牺牲，前仆后继，英勇杀敌，最后取得了突围战的胜利。"

战斗结束后，郝英先等人在打扫战场时，捡到了我军战士用过的这只残破的水壶，拿回家后把它放到神龛里，一直保护下来。

王汇川的到来，使郝英先老人盼到了当年打鬼子的亲人，他就毫不犹豫地把珍藏几十年的这只不寻常的军用水壶献给了他。

这只坑洼不平的水壶，被摔得失去了原有的样子，背带也失去了原有的颜色，壶面上锈迹斑斑。可是在壶塞上还隐约看得出"上海铝制品一厂"的字样。

王汇川说："这不是一般的水壶，它是珍贵的革命文物。我看到它，就想起当年浴血奋战而壮烈牺牲的战友们！它是那场战争的历史见证！我要永远珍藏它，一代一代传下去，让子子孙孙不要忘了过去。"

吴振英：好儿媳、好妻子、好母亲

宋济山

贤妻良母整日忙，照顾儿女孝令堂。嘘寒问暖持家务，家人依彼为支柱。

人老了，总是回忆往事。这几天整理东西，发现一本"济南市尊老敬老养老助老先进个人和标兵光荣册"。这本光荣册是1999年10月由中共济南市委、济南市人民政府颁发的，是母亲所在的济南军休一所1999年评选上报的本所尊老敬老养老先进个人代表。

翻开光荣册，老伴吴振英的名字赫然纸上，往事历历在目。当时老伴41岁，处于上有老下有小，工作繁忙时期，但她的人品和付出得到军休所领导和左邻右舍高度认可，得此荣誉。

老伴今年62周岁，是济南市市中区住建局退休职工，出生于1958年5月。她和同龄人一样高中毕业后，经历上山下乡插队锻炼，回城后在济南市市中区房管局房管所工作。不管是当工人还是做管理，她都兢兢业业干一行爱一行，不怕苦不怕累。干房管员时，为了不让辖区老人多跑腿，她每天爬楼梯上门收取房租，服务一千多户家庭。

吴振英

父亲因脑出血早早去世，这对母亲的打击甚大，母亲的身体也早早垮掉，搬进军休所也很难照顾好自己。当时对于是否和老人一起生活这个问题，我思考了很久。那时我们已经有了自己的住房，都喜欢独自过小家庭生活，但为了照顾母亲，我提出住到母亲家里，老伴毅然同意。

她说："老母亲拉扯你不容易，身边又没有其他人，咱不照顾她谁照顾？"

记得有一次，我出差在外地，母亲不慎摔倒，她得知后马上把母亲送到医院，请假24小时陪护，守在病床前端屎端尿。老母亲过意不去，多次要求她给我打电话叫我回来。

她总是说："济山工作忙，我能行。"

直到十几天之后，我出差归来才得知此事。那时，老母亲已经在她的照料下，完全康复出院。

我说："你怎么不早给我打电话？"

老伴说："我知道你们铁路工作忙，我一个人能照料好母亲，何必再牵扯你的精力！"

听了老伴的话，我的眼泪夺眶而出。我紧紧地握住她的手，一句话也说不出来。

老母亲身体不好，每周都要到济南市市立四院拿药，这件事她包了。从七里山小区到市立四院，坐公交车需要一个小时，还经常没座位。看似平常的小事，她一坚持就是几十年，风雨无阻，风雪无畏。

我有一个妹妹，因患脑智能发育不全而痴呆，在济南社会福利院代养。我老伴每周都抽时间去探视，给妹妹做点可口饭菜或者水饺送去，每次去都帮妹妹擦洗。连福利院护理人员都夸："你这嫂子当得真不孬！"

2005年，我突然血小板下降厉害，怀疑血癌住进齐鲁医院，她更是心急火燎，天天抽时间到医院陪我治疗做检查，打听各种偏方为我治病。听说荷花瓣羚羊角对治疗有帮助时，她请办公室同事帮忙，和她一起寻找采摘。当我转院到天津治疗时，她请事假全程陪护我，给我买各种营养品，而她自己却不舍得吃一点点好的。我劝她也多吃点好的，她总是说："你身体不好，你多吃。"

有一次医院没有配型的血小板，需要家属自己到血站拿，为了省钱她宁愿挤公交也不舍得叫出租车。晚上和我挤在一张病床上休息，吃不好睡不好。我住院前后四个月，她不辞劳苦陪了我四个月，直到我康复。

什么是真正的夫妻情，患难见真情！

她不仅仅是一个好儿媳好妻子，也是一个好母亲。儿子喜欢文艺喜欢唱歌、喜欢主持，在儿子的成长道路上她奉献母爱，甘做铺路石。儿子参加全国歌手大赛，上北京去南京下深圳，身边总有妈妈的影子，为他整理演出服，为他递上一杯水，为他擦去汗。而拉杆箱总在妈妈的手里，啦啦队队长总是妈妈担当。

2005年，儿子获得中华人民共和国文化部第七届全国声乐大赛优秀奖；2009年，获得中国音乐家协会举办的第七届中国音乐金钟奖流行音乐大赛全国总决赛入围奖；2007年，荣获山东电视台综艺频道《综艺满天星》"歌王唱翻天"总决赛冠军……儿子这些成绩的取得，无不流淌着他妈妈的汗水。

风雨见真情，时间见人心。

做一个好儿媳、好妻子、好母亲，回首往事，我的老伴做到啦！

人活这一辈子，做一件事不难，难的是一件事坚持一辈子。

做一件好事不难，难的是一辈子做好事。

我老伴就是这样一个温暖而善良的人。

日月如梭，转眼我们也成为老年人啦，作为老年人我想我有责任把中华美德宣传出去，教育年轻一代使之发扬光大！

田宝明：新时期最可爱的人

街巷故事自然少不了街头巷尾的故事，老百姓的故事就是人间烟火里最温暖的故事，听"小巷总理"田宝明的故事几次潸然泪下。

山和山之间的距离是云，人与人之间的距离是心，如果说党和百姓之间的距离是桥，社区工作者就是架桥人。今天我们讲的是市中区七里山街

田宝明获奖

道七东社区原党总支书记田宝明的故事。

2000 年 9 月，田宝明被国家计生委评为全国计划生育"新时期最可爱的人"光荣称号，并受到李岚清副总理等国家领导人的接见。

"田主任，俺家的保险丝断了。""田主任，我家下水道堵了。"……小区里谁家有了难处，都会想到她。

田宝明说："社区服务都是琐碎小事，但千家万户离不了，对我来说，是一项终身的事业。"

工作主动找上门

1981年10月，28岁的田宝明刚刚从农村返城，正等待安排工作，工作却主动"找"上了门。她所在的七里山小区是济南市第一个居民小区，当时刚刚建成，领导让田宝明来临时负责。

田宝明想，闲着也是闲着，不如就帮这个忙。小区居民来自不同单位，为了摸清各家的情况，第一件事是做一次居民情况调查。田宝明那时腼腆，走家串户，连敲门都不敢用劲，但她硬着头皮干，不仅把1000多户居民的详细情况都摸清做成了表，还写了个调查报告，把居民们感觉不方便的事都反映了上来。

不久，田宝明成为济南市最年轻的居委会主任。办公地点：自己家。办公用纸：孩子用过的作业本的反面。月工资：6元。

谁也想不到，田宝明一干就再也割舍不下，居民们的吃喝拉撒、冷暖忧乐拴着她，一拴就是23年。

谁也想不到，她把小服务做成了大事业，白手起家，在全市率先创立"小饭桌"等便民服务项目，帮助400多人就业，为居委会挣下400万元固定资产，年收入20多万元。

从"家长里短"到社区"大管家"

1981年，随着济南道路拓宽，七里山小区成为全市新建的第一个居民小区，但由于配套不全，自行车乱放、垃圾乱扔、生活不便等问题影响着居民，也困扰着政府。在这种情况下，28岁的田宝明走上了七里山三居主任的岗位，并由此开始了她"小巷总理"的生涯。

"盖车棚，别让居民扛着自行车上楼。"这是田主任发的第一声号令，而执行这一号令的队伍却不过是几位白发老太太。当时田主任瞒着丈夫把全家仅有的700元积蓄全捐出来，加上其他干部的捐款也只够个车棚顶子。面对困难，瘦弱的田主任带领几位老太太到附近工地请求以工代料，换回旧砖盖车棚。

直到现在居民每每谈起车棚却总是感慨地说："那时，田主任顾不上照顾自己的孩子，带领几位老太太用小推车没黑没白地运旧砖，手都磨破了，真是车棚的每块砖都浸着田主任的心血啊！"

田主任始终把居民所需放在第一。从帮居民代卖代买油盐酱醋，代收代交水电煤费，到抓住计划经济向市场经济转型的机遇，大胆开发小区市场，社区服务从无到有、从小到大、日益完善。目前已拥有5大系列、46个项目、16项部门承诺的全方位社区服务网络。

为了让双职工的孩子中午吃好，解决家长的后顾之忧，田主任带领三居干部在艰难中办起了济南市第一家"小饭桌"。如今小饭桌开办20年，解决了1000多名孩子的中午吃饭、休息以及寒暑假的学习生活问题，被孩子亲切地称为"第二个家"。

"我身兼多职，尽力称职才是"

在辖区，田宝明被孩子们称为"田娘娘"，年轻人称她"田大姐"，老人们则把她当作自己的闺女。用田宝明主任自己的话说就是："我身兼多职，尽力称职才行。"

田主任做到了，她多年来向女儿一样照顾辖区老人。八旬老人孙景明无儿无女，田主任每天用三轮车推他去针灸；老人排便不畅，田主任不怕脏、不怕累，每天为他揉肚子，让他顺利排出大便。2004年初，老人走完了83岁的人生，临终前紧紧拉着田主任的手安详辞世。

小区81岁的黄大爷突患心肌梗死，是田主任把他送到医院，又帮他做人工呼吸，直到看着老人闭了眼。黄大爷的儿女赶到时，田主任已为老人洗好脸、整好容。黄大爷的儿女齐刷刷地跪在田主任面前，泣不成声地说："是您替我们尽了孝，您就是我们的亲人。"

对于辖区下岗、失业人员，田主任更是把他们当作自己的兄弟姐妹，设身处地地为他们着想。这些年来，田主任带领社区工作人员最大限度地开发辖区就业岗位，与民营企业联合拓宽就业渠道，安排下岗失业人员。

小区一居民夫妻下岗后，生活陷入困境，田主任了解后，主动找上门对她说：下岗不可怕，只要肯吃苦，没有过不去的火焰山。经过努力，田主任为她找了两份家政，为其丈夫找了份送报的工作，使其全家摆脱了困境。在开发岗位的同时，田宝明主任积极鼓励下岗失业人员自主创业，为他们找项目、办手续，在社区举办技能培训。

正是在她的努力下，近年来她所在的辖区安置下岗失业人员410余人次，她所在的居委会也成为"下岗职工全就业居委会"。田宝明主任也被下岗失业人员称为"知心田大姐"。

在辖区以外，田宝明同样以博大的爱心尽心竭力地为群众排忧解难。智障儿童贝贝，父母离异，母亲想让孩子入托后自己打工挣钱，但跑了多家幼儿园都不接受贝贝。一个偶然的机会看到了媒体对田主任的报道，于是抱着一线希望找到了当时的七里山三居，田主任毫不犹豫地将孩子留下，并在托儿费上给予照顾。田主任经常亲自给贝贝喂水、喂饭，教儿歌。

现在谁要问贝贝："你和谁最亲？"

她会告诉你："田娘娘。"

"社区就是一个大家庭"

面对荣誉，田宝明主任并未满足，她清醒地认识到：只有与时俱进，才能使社区工作有新的突破、新的发展。2005年，市中区推行"A"型管理，由三个居委会合并为七里山东社区，田宝明任七东社区党总支书记。

面对新的挑战，田宝明团结社区一班人，围绕"构建和谐社区"这一主题，积极探索社区工作的新特点、新路子，先后在社区建立了青少年活动室、老年活动室、残疾人活动室、心理咨询室、法律援助室，成立了老年学校、居民学校，真正在社区实现了"幼有所学、壮有所为、老有所乐"的和谐气氛。

2007年，作为市中区第一个公推直选的基层党组织试点单位，田宝明再次当选为社区党总支书记，56岁的田宝明不负众望，一如既往地全心全意为人民服务。她组织社区党员认真贯彻落实科学发展观，自觉践行"三个代表"。

为了实现社区居民用水一户一表和冬季集体供暖问题，她不顾自己身体有病，一趟一趟亲自跑手续，开楼长会，给居民打电话，对每户居民登记造册，有时居民间为安装发生纠纷，她不辞辛苦靠上去做工作。当小区终于实现了一户一表和集体供热，居民们为此欢欣鼓舞的时候，田宝明同志却病倒了，她腿浮肿得走路都很困难，但她看到居民们再也不会为用水产生纠纷，再也不会为买煤取暖发愁，她欣慰地笑了。居民们也自豪地说："有田书记这样的当家人，我们住着也舒心"。

三十年风雨情

三十年的酸甜苦辣，三十年的点滴真情与奉献，无论是对田宝明还是对小区居民都是一份沉甸甸的感动。田宝明说："过去了的事其实没什么好说的了，你看我现在坐在这么明亮的办公室里为社区居民服务，看咱社区居民的生活一天天好起来，对我来说，这些就足够幸福了。"

如今已经离退休的田宝明，干了近30年的社区工作似乎还没有干够，本应是安享晚年的年纪，却还为社区的大事小情忙前忙后，她说："她和这些居民就像鱼和水，他们离不了我，我也离不了他们，虽然退休了，还要站好最后一班岗，还想贡献一点余热。"

黄彬　绘

王美华：家家有老人，人人都会老

百善孝为先，孝亲敬老是我们中华民族的传统美德。

她叫王美华，现任济南市市中区七里山街道七东社区综合党委书记、居委会主任，是一名最基层的工作者。

当清晨的第一缕阳光洒满大地的时候，作为一名共产党员，作为一名上有老、下有小的70后，作为一名基层社区的带头人，王美华每天都会第一个出现在社区服务中心，开始一天忙碌而又充实的工作。

"闺女，我在这里……"

济南市市中区七东社区创建于1981年，是济南市第一个开放式小区，现有常住居民9400余人，60岁以上老人2072余人，占人口总数的23%。

在这里，有着在1986年创立的济南市第一家社区"小饭桌"；在这

王美华看望社区老人

里，有着在2011年，依托原有的"小饭桌"资源，开设的济南市第一家社区"老饭桌"。

2013年，王美华上任后，通过入户走访等一系列的摸底后。决心对现有的老饭桌进行提升改造，大胆提出了"公建民营"理念，专门为社区独居、困难老人提供助餐服务。根据老年人的生理特点由营养师营养配餐，制定营养菜谱，并针对患有慢性疾病的老人特制个性化套餐，延缓病情并达到食疗的目的。不管是春夏秋冬，还是刮风下雨，老人们都会准时吃上热乎、可口的饭菜。

2014年的冬天，第一场大雪比往年来得早了一些，气温骤然下降。当王美华和社区义工冒着大雪在11点10分准时来到86岁的王玉敏（三无）老人家送餐时，碰巧家里没有人，而且电话也打不通。这可急坏了她们，下这么大的雪，王美华担心老人出门路上遇到意外，她立刻和社区义工通过各种渠道打听老人消息，后来在邻居处得知老人一早出去买东西了，可能是因为下雪路不好走困在路上了。

王美华立刻沿着老人买东西的大体路线寻找，在风雪交加的路上，听到一声熟悉的声音："闺女，我在这里……"这正是被困在路边商铺的屋檐下近两个小时王玉敏老人的声音，此时的老人手、脸通红。见到王美华时更是激动得说不出话来。王美华立刻把自己的帽子、手套给老人戴上，并搀扶着老人回了家。王美华已提前与社区义工联系好，为老人重新做了一份热乎乎的饭菜送到老人家。

……

乐享晚年新生活

生活水平的提高和社会的发展，使得老年人对文化艺术生活的需求不断提高，对学习的渴望已经超越了年龄，很多老人也渴望跟随时代的脚步学习。

根据需求，七东社区设立了文体活动室、护理站、电子阅览室、图书室、书画室、空中花园及多功能学习室等。王美华还为社区的老年人开设了书画、书法、电脑、手机、京剧、合唱、太极拳、舞蹈、民乐等20多个学习小组，有的学习小组的授课老师都是王美华自掏腰包聘请的。

在王美华的主导下，七东社区先后成立了启东书画院、快乐编辑部等老有所为阵地。

快乐编辑部是由社区6位平均年龄70岁的离退休老同志组成。老同志们发扬了无私奉献的精神，利用业余时间，在七彩家园这块宣传阵地上发表了大量结合实际、反映民生、符合民意、为民所用的知识性广、趣闻性强的文章。

启东书画院成立后，多次组织居民开展书画展，为七东社区爱好书画的居民朋友提供了宽广的学习和交流的舞台，提升了居民的生命和生活质量，陶冶了情操。